팔자를 고치다

조용헌의 운세 이야기

팔자를 고치다

조용헌 지음

삼인

| 저자의 말 |

'개인 종교'의 시대가 오고 있다. '집단 종교'의 반대되는 개념이다. 집단 종교란 어떤 무리가 공통된 교리와 전례와 권위를 따르는 기성 종교를 말한다. 개인 종교의 가장 두드러진 성격은 종교적 구속이 없다는 점이다. 의무적으로 교회나 절 또는 신전에 출석할 필요가 없다. 아니, 종교적 의례가 필요하지 않으니 그것을 진행할 장소 자체가 존재하지 않는다.

그렇다면 파편화된 개개인의 특성을 인정하면서도 그들을 한 덩어리로 묶어주는 새로운 종교가 출현한 것인가? 아니다. 개인 종교는 '종교의 개인화'라고도 말할 수 있는데, 이는 사실 문명 이전의 인류 역사와 거의 맥을 같이할 만큼 '낡은' 것이다. 과거에는 주로 나이 지긋한 이들이 남의 눈을 피해 뒷골목에서나 신봉해왔는데, 이 미미하던 불씨가 요사이 젊은 세대들 사이에 급속도로 퍼지고 있다. MZ 세대는 기존의 제도권 종교에 심드렁한 태도를 보이지만, 흥미롭게도 개인 종교에는 적지 않은 관심을 보인다. 이 개인 종교의 정체란 바로 사주 명리학, 타로카드, 관상, 무속을 비롯한 각종 점술이다. 이들이 여기에 소비하는 돈의 규모가 어림짐작으로 조 단위가 된다는 보고도 있다. 돈을 지출한다는 것은 그만큼 효용 가치가 있음을 의미한다. 그렇다면 왜 가장 현대화된 세대가 전통적 신앙 체계, 보통 '미신'이라고 쉽게 지칭되는 영역의 새로운 신도로 편입되고 있는 것일까?

이 극적인 전환에는 두 가지 배경이 있다.

하나는 과학이다. 한때 엘리트 계층의 전유물이었던 과학 지식은 이제 대중화되었다. 과학의 대중화로 가장 큰 타격을 입은 영역이 제도권 종교다. 천체물리학과 진화생물학, 인공지능의 발전은 기존 종교의 신앙에 의심을 불러왔다. 창조자이자 진리의 발견자로서 확고한 권위를 누리던 유일신의 위태로운 자리를 과학이 대신하게 되었다. 기독교의 본산인 유럽의 유서 깊은 성당이나 교회 건물이 부동산 업자에게 팔려서 나이트클럽으로 개조되는 수모를 겪고 있다.

'미신'이라는 개인 종교가 득세한 두 번째 배경은 현대인의 삶이 '각자도생各自圖生'의 형태로 전개된다는 사실이다. 한때 보편 종교는 생로병사生老病死와 죽음의 문제를 해명해주었고, 교회와 교단이 제시하는 사생관死生觀을 따라가기만 하면 되었다. 과거라고 해서 왜 각자도생의 삶을 살지 않았겠는가? 국가와 공권력이 울타리가 되어주지 못한 상황은 지금보다 더했다. 다만 과거의 개인은 너무나도 미미하고 허약한 존재였기에 무리 속으로 섞여들어 집단의 규칙에 순응하는 방식으로 삶을 도모했다. 그러나 오늘날의 개인은 지난날의 개인과는 다르다. 각자가 지닌 취향을 추구하고 욕망을 충족시키고자 하는 의지가 강하다. 그래서 사회가 구축해놓은 체제와 질서가 때로는 개인의 삶을 영위하는 데 걸림돌이 되기도 한다. 게다가 대한민국 국민은 근현대사의 굵직한 사건에서 국가가 국민을 제대로 보호하지 못한다는 사실을 학습해왔다. 개개인의 욕구를 충족시키지 못하는 사회 시스템과 국가 공권력에 대한 불신이 점점 더 각자도생의 삶을 부추기고 있는 것이다.

과학은 신앙을 '구라'로 만들어버렸고, 종교는 더 이상 개인이 겪고 있는 첨예한 현실에 딱딱 맞아떨어지는 조언을 해주지 못한다. 더군다나 지금 당장 써먹을 수 있는 실용적 해법을 요구하는 젊은 세대에게는 더더욱 그렇다. 살아가면서 겪게 되는 갖가지 문제를 혼자 감당해야 하고 스스로 해명해서 납득해야 하며 의미를 부여해야 한다. 누군가 깔아놓은 트랙이 미심쩍기에 스스로 길을 내야 하는 상황에 직면한 것이다.

개인 종교에는 일상에서 겪는 실존적인 문제에 뭐라도 한마디 거드는 기능이 탑재되어 있다. 과학이 아무리 발달해도 '점쟁이' 노릇은 못한다. 점술의 점이 맞고 안 맞고는 부차적인 문제다. 내가 지금 당장 돈 문제, 연애 문제, 꼬여버린 인간관계로 고통을 당하고 있는데 누가 나를 위로하고 보듬어줄 것인가? 가파른 절벽에 내몰린 나에게 누가 지푸라기라도 던져줄 것인가? 이때 뒷골목에서 허름한 입간판을 내걸고 있는 타로 상담사가 나를 위로하고 인생을 끝장내지 않도록 희망을 줄 수도 있다.

그렇다면 남은 문제는 '개인 종교'라고도 하고 '미신'이라고도 하는 이 운세 비즈니스에 속한 갖가지 요소들이 정말로 실용적 기능을 갖추고 있는가 하는 것이다. 정말로 무당이 날리는 점사占辭가, 역술가의 사주 풀이가, 관상가의 안목이, 지관이 점지한 땅이 문제를 해결하고 우리에게 복을 불러올 수 있는가?

이 책은 이 질문에 답하고 있다. 신통력을 발휘한 도사들은 어떤 존재인지, 무당과 역술가가 어떤 방식으로 대책을 마련하는지, 정말로 명당과 길지가 따로 있는지, 저마다 타고난 관상에 따라 살아가는지, 주어진 팔자라는 것이 과연 실재하는지, 팔자를 바꾸기 위해서는 어떻게 해야 하는지, 궁극적으로는 우리가 이 운세 비즈니스의 영역에 어떻게 접근해야 하는지 그 비밀스럽고 은밀한 이야기를 전하고 있다.

다만 이 책을 펼치기 전에 한 가지는 명심하자. 물론 개인의 기복도 중요하다. 당장 내 발등에 떨어진 불부터 끄고 봐야 하니까. 그러나 타인의 고통에 연민의 감정을 갖는 기선祈善·공동체의 선을 추구함이라는 것도 있다. 덕을 쌓아야 한다. 개인 종교에도 룰이 있고 윤리가 있다. 끝없이 탐욕을 추구하고 타인을 짓밟는다면 파탄이 기다리고 있을 뿐이다. '힘'을 어디에 어떻게 쓰는가에 따라 나에게 돌아오는 것이 달라진다. '적선지가 필유여경積善之家 必有餘慶'이다. '선을 쌓은 집안에는 반드시 좋은 일이 기다리고 있다'는 뜻이다.

차례

저자의 말　　　　　　　　　　　　　　　　　　　　004

Chapter 1　예언과 도참설　　　　　　　　014

도사와 예언

도사는 어떻게 미래를 내다보는가?　　016
: 미래를 예측하는 방법

적벽 대전에서 제갈공명은 어떻게 동남풍을 불러들였는가? | 고대 인들이 미래를 예측한 방법 : 규칙성과 인과론 | 무의식의 세계에 기대어 미래를 예측하다

도사의 정체

도사는 어떻게 만들어지는가?　　026
: 도사와 역술가 그리고 무당에 대하여

서양의 미래학자와 동양의 도사 | '미신 종사업자'가 되는 길 | 역술 가와 무속인은 어떻게 다른가?

예언과 도참

도사 강증산이 내다본 대한민국의 미래　　036
: 한국의 의료 시스템과 한류가 가진 힘을 예측하다

세상을 완전히 뒤바꿀 신호탄으로서의 병겁 | 증산이 말한 병겁의 해결책을 갖춘 대한민국의 현재 | 만국을 살릴 방법이 남조선에 있다

도참설과 후천 개벽

선천 시대와 후천 시대　　044
: 기후 변화에 따른 세계정세의 변화를 예측한 도사

북쪽의 물이 빠져서 남쪽의 하늘로 흘러간다 | 정말 일본이 물속으로 가라앉을까? | 선천 시대가 가고 후천 시대가 열리다

| 정치와 도사 | **근현대 한국 도사들의 원조** 053
: 대원군 시절부터 오늘날까지 이어지는 이름, 백운학

5·16 군사 쿠데타 직전에 김종필이 만난 도사 │ 흥선 대원군의 장자방이었던 원조 백운학 │ 명성왕후로 인해 갈등을 겪다 |
| --- | --- |
| 도사의 위기 극복 | **신통력과 덕으로 주변을 살리다** 061
: 자연재해와 난리에 맞선 도사 조갑환의 대처

한국 전쟁을 내다보고 손자를 살리다 │ "그가 하면 그게 맞다." │ 한국 전쟁을 예언한 조갑환의 대처 |

Chapter 2   **명당과 풍수지리설**   074

| 풍수지리 | **지령이 인간의 운명에 영향을 미친다** 076
: 명당의 조건

풍수지리는 생존을 위한 방편이었다 │ 지리가 역사를 만든다 │ 명당을 만드는 지리·문화적 조건 │ 명당의 마지막 조건은 공덕이다 |
| --- | --- |
| 땅이 가진 기운 | **프랑스 루르드에 있는 치유의 샘물** 089
: 서양인들이 알아본 풍수

노스트라다무스의 고향 마을과 알피유산의 봉우리 │ 프랑스 루르드 성지에 거북이가 있다 │ 고래 젖을 먹기 위해 몰려드는 욕망의 집결지, 몬테카를로 카지노 |
| 도사들이 숨겨놓은 땅 | **난리를 피하고 목숨을 부지하는 땅, 십승지** 098
: 지형지물이 인간을 살게 하다

왜 유독 이북 출신 사람들이 도참과 풍수에 주목했을까? │ 십승지는 어디인가? │ 십승지의 조건 |
| 조상 묘 | **누가 묏자리를 함부로 쓰는가!** 107
: 조상의 묏자리 덕을 본 사람들

지관은 어떤 존재인가? │ 관노에서 고위직 관료에 오른 김갑순 이야기 │ 명당을 누리는 가장 좋은 방법은 적선이다 |

Chapter 3 무속의 세계 118

귀신과 무당
무당의 예지력은 어떻게 작용하는가? 120
: 신명계에서 알려주는 이보통령과 필보통령

영암 농협의 유채 기름이 유명한 까닭은? | 점쟁이가 되느냐, 도사가 되느냐는 접신한 존재의 처신이 결정한다 | 무슨 일이든 신기가 있어야 진정한 프로가 된다

주술과 부적
액을 막는 신묘한 능력 130
: 귀신을 부리고, 귀신을 내쫓다

주술이란 무엇인가? | 신을 설득하는 소리, 주문 | 부적이란 무엇인가? | 삼척의 해일 피해를 막은 척주동해비

음양오행
정화수를 떠놓고 기도한 까닭은 무엇인가? 143
: 물이 지닌 힘

음양오행이란 무엇인가? | 물은 배를 띄우나, 뒤엎기도 한다 | 산꼭대기에 있는 정화수

토테미즘과 관상
얼굴에 새겨진 사람의 운명 154
: 고대인들이 12지신을 숭배한 이유

삼성의 인재 채용에 관여한 박 도사 | 동물숭배 사상과 목성의 공전 주기가 결합된 십이지 | 동물 관상

꿈과 해몽
왜 돼지꿈을 꾸면 재물이 들어오는가? 163
: 이성 너머의 세계에서 보내오는 메시지

문선명 총재가 꾼 악몽 | 꿈의 종류 | 돼지꿈이 재물몽인 이유

Chapter 4	팔자 고치려면 이렇게 하라	174

내공 **나를 더 단단하게 만드는 공부** 176
: 삶의 시간 앞에서 의연해지는 방법

'악플'이라는 현대의 저승사자 | 때로는 자신을 세상에서 격리하라 | 때를 기다릴 줄 아는 내공 | 덥석 삼켰더니 독이더라

인생의 단계 **조기 유학과 소년등과가 사람을 망친다** 188
: 삶의 과정을 제대로 밟지 않으면 일어나는 일

선천적인 것과 후천적인 것 | 조기 유학의 문제점 | 소년등과가 가져오는 불행

후계 교육 **부자가 3대 안 가는 이유** 198
: 진정한 리더는 태어나지 않고 만들어진다

창업 1세대와 2세대의 차이 | 고통과 시련 없이는 진정한 리더가 될 수 없다 | 후계자 양성의 어려움

팔자 고치는 방법 **운수대통을 만드는 일상의 작은 실천** 206
: 지금의 행위 하나하나가 미래라는 집을 짓는 벽돌이다

운명에 순응할 것인가, 저항할 것인가 | 팔자를 고치는 6가지 방법 | 운을 받는 방법

요가와 맨발 걷기 **막힌 혈맥을 뚫어주는 운동과 자세** 218
: 건강을 유지하고 기를 얻기 위한 고대인의 신체 훈련

5,000년 경험이 축적된 요가의 세계 | 뇌 속에 있는 21개의 경락을 뚫는 요가 자세 | 범부는 숨이 목구멍에서 끊기고 진인은 호흡이 뒤꿈치까지 닿는다

| Chapter 5 | 운을 부르는 고대의 지혜 | 228 |

재물운

돈이 들어오게 하려면 이렇게 하라 230
: 돈의 메시지

1달러 동전에 '자유'를 새겨놓은 까닭 | 적선과 기마이 그리고 뇌물 | 돈이 보내는 엄중한 경고, 재다신약 | 장사 잘되는 집이 확장 이전해서 망하는 이유

재물운과 관운의 관계

법대에 갈 것인가, 의대에 갈 것인가? 246
: 재물과 관직의 상관관계

관리 출신 정치인이 성공할 수 없는 이유 | 팔자에 재물운이 없으면 관리가 되라 | 돈이 넘쳐도 돈의 주인으로 살지 못하면 무재팔자다

인간관계

**사람을 얻으려면
때로는 지고, 때로는 손해를 보라** 256
: 좋은 관계를 만들고 유지하는 방법

이기려 하면 잃고, 버리면 얻는다 | 더 큰 이득을 얻으려면 손해를 두려워 말라 | 베풀면 반드시 돌아온다

은퇴 이후

**강물에 떠내려가는
소는 살고 말은 죽는 이치** 267
: 인생 후반부를 살아가는 방법은 따로 있다

나의 인생 3단계론 | 생물학적 비용과 사회적 비용 | 소는 살고 말은 죽는 이치에 대하여

운명과 죽음을 대하는 자세

멈춤, 달관 그리고 죽음 278
: 잘 죽는 복을 누리는 마음가짐

삶에 찾아오는 멈춤 신호 | 죽음이 그의 삶을 보여준다 | 팔자를 받아들이는 사람이 삶을 대하는 태도

도사와 예언	도사는 어떻게 미래를 내다보는가?
도사의 정체	도사는 어떻게 만들어지는가?
예언과 도참	도사 강증산이 내다본 대한민국의 미래
도참설과 후천 개벽	선천 시대와 후천 시대
정치와 도사	근현대 한국 도사들의 원조
도사의 위기 극복	신통력과 덕으로 주변을 살리다

Chapter 1

예언과 도참설

1 도사와 예언

도사는 어떻게 미래를 내다보는가?

: 미래를 예측하는 방법

적벽 대전에서 제갈공명은
어떻게 동남풍을 불러들였는가?

나관중의 소설 『삼국지연의三國志演義』일반적으로 '삼국지'라 부른다 의 하이라이트는 적벽 대전赤壁大戰이다. 이 적벽 대전의 핵심은 제갈공명이 일으키는 동남풍東南風이다. 갑자기 불어닥친 동남풍으로 인해 적군인 조조의 수군은 궤멸한다. 어떻게 제갈공명은 절체절명의 시기에 동남풍을 불러와 전세를 역전시킬 수 있었을까?

어렸을 때부터 이 부분이 항상 의문이었다. 소설이니 가짜로 꾸며낸 이야기인가, 아니면 진짜 있었던 일인가? 공명이 유비의 회유로 출사出仕하기 전 재야에서 공부할 때 그 시점이 되면 동남풍이 분다는 사실을 알았던 걸까? 공명이 아직 공부 중일 때 주변의 도교 방사方士들과 교류했는데, 이들 방사들이 귀띔해준 정보일까? 대만의 남회근 선생이 지은 『참동계 강의』라는 책을 읽으면서 이 의문에 답을 얻었다.

남회근1918~2012은 중국에서도 수백 년 만에 한 명 나올까 말까 한 인물이었다. 유불선儒佛仙의 방대한 고전을 섭렵한 것은 물론 중국의 청성산에서 폐관閉關 수련을 하는 등 실전까지 겸비했으며, 인체의 기경팔맥奇經八脈이 작동하는 원리에 대해서도 설명할 수 있는 체험을 한 도사였다. 『참동계參同契』원제는 주역참동계라는 책을 해설한 남회근의 책 『참동계 강의』에는 그가 십 대 중반부터 중국의 도사와 고승 들을 찾아다니며 얻어 들은 신묘한 일화를 많이 소개해놓았다.

『참동계』는 중국 고대의 후한 말부터 삼국 시대 사이에 실존했던 것으로 추정되는 위백양이라는 사람이 쓴 도교의 수련서다. 주역의 원리와 도교의 내단內丹·기가 축적되어 만들어진 결정체 수련에 더해 『도덕경』의 사상까지 융합한, 단경丹經·신선과 도사들이 쓴 글의 비조鼻祖로 꼽히는 책이다. 남회근의 『참동계 강의』는 그 내용이 만만치 않아 웬만한 내공을 가진 사람이 아니라면 접근하기 힘들다. 이 책을 우리말로 옮긴 성균관 대학교의 최일범 교수는 수십 년간 도교와 불교의 수련법, 유교의 경전에 천착한 인물이다. 필자와는 2000년에 중국의 화산과 종남산, 무당산의 도교 유적지를 같이 여행한 인연이 있다. 당시 그와 함께 무당산 정상에 있는 도사 장삼봉무당파를 창시한 중국 원대의 도교 사상가의 수도 터와 봉우리에서 경험했던 강력한 에너지의 느낌이 지금도 선명하다.

남회근은 음력 10월양력으로는 11월 중하순이면 추워지기 시작하지만 한 달 내내 추운 것이 아니라 그 가운데 소양춘小陽春이 있다고 설명한다. 10월 중 소양춘에 해당하는 기간인 사흘 동안은 봄날처럼 따뜻한데, 이렇게 기온이 온후해지는 까닭이 동남풍 때문이라고 밝혔다. 그리고 공명이 동남풍을 불러올 수 있었던 것은 소양춘의 이치를 미리 알고 있었던 까닭이라고 주장했다.

남회근은 10월 중 사흘 동안 동남풍이 분다는 정보가 주역의 괘에 나온다고 이야기했다. 놀라운 지적이 아닐 수 없다. 이것은 정말 일급 선수들만이 알 수 있는 무림의 비급祕笈이다. 남회근이 말하는 그 괘란 18번째인 산풍고山風蠱 괘다. 위에는 산이 있고, 아래에서는 바람이 부는 형상을 하고 있다. 첫 대목에 이렇게 나온다.

이섭대천利涉大川이니 선갑삼일先甲三日하며 후갑삼일後甲三日하니라.

'큰 내를 건너면 이로우니 먼저 갑으로 삼 일이고 뒤로도 갑으

중국 후한 말 천하 통일을 꿈꾸는 조조의 군대가 남하하자 손권과 유비가 연합하여 이를 저지하려 했다. 적벽 대전은 이 시기에 일어난 전투 가운데 하나다. 소설 『삼국지연의』에서는 적벽 대전을 주요한 사건으로 다루나, 중국의 역사서들은 그다지 비중 있게 다루지 않는다. 사진은 양쯔강에 연한 중국 후베이성 츠비시[赤壁市(적벽시)]가 관광 자원으로 활용하고 있는 절벽이다. '적벽(赤壁)'이라고 새겨놓았다.

로 삼 일이라'는 뜻이다. 이걸 보다 쉽게 풀어보면, 음력 10월에 소양춘 사흘 동안 동남풍이 불어오는데, 달력에 육십갑자로 표시된 일진 중에 갑甲으로 시작하는 날짜부터 바람이 분다는 의미다. 결국 동남풍이 불어오는 소양춘의 시기를 알기 위해서는 음력 10월 중에 갑으로 시작되는 날이 언제인가를 찾아보면 된다.

제갈공명은 산풍고 괘에 나오는 '선갑삼일 후갑삼일' 대목을 알고 있었고, 이 날짜에 동남풍이 불 것으로 예측했던 것이다. 『삼국지연의』의 적벽 대전 부분을 자세하게 읽어보면, 바람이 불기 시작하는 조짐을 보려고 공명 진영에서 깃발을 세워놓았는데 갑자甲子 일부터 깃발이 움직이기 시작한다. 『삼국지연의』에 나관중은 이 갑자 일에 깃발이 움직이기 시작하는 모습을 '갑자기甲子起'라고 표현해놓았다. 갑자 일부터 깃발이 펄럭이기[起] 시작했다는 뜻이다. 도사들은 고대부터 기후 변화와 날씨 변동을 예리하게 관찰해왔고, 그 기록을 아무나 알면 안 되니 꼭 알 사람만 알라는 뜻으로 암호처럼 주역의 괘에 숨겨놓았던 것이다. 제갈공명은 이 암호를 알고 있었다.

고대인들이 미래를 예측한 방법 : 규칙성과 인과론

많은 독자들이 적벽 대전에서 제갈공명이 동남풍을 불러오는 장면을 보며 그가 신통력을 가진 것으로 생각했을 것이다. 하지만 사실은 공명이 동남풍을 소환한 것이 아니라 자연의 흐름을 파악하고서 그 시간의 길목을 지키고 있었던 것이다.

미래를 예측하는 방법에는 여러 가지가 있다. 그 가운데 문명이 발달하기 전 인류가 기댄 방식을 몇 가지 소개하고자 한다.

첫째는 반복되는 규칙성을 발견하는 일이다. 가장 흔하고 대표적인 현상이 밤과 낮의 반복이다. 하루는 낮이 밤으로, 밤이 낮이 되기를 반복한다. 어린아이라도 '지금은 낮이니까 곧 밤이 될 것이다'라고 쉽게 예측할 수 있다. 이것을 『주역周易』에서는 '일음일양지위도一陰一陽之謂道'라는 이치로 설명한다. 풀이하면, '한 번 음陰이 되고 한 번 양陽이 되는 것을 도道라고 한다'는 뜻이다. 지극히 단순하게 들리겠지만 강호동양학의 맛을 본 나로서는 되새길수록 깊은 여운이 남는 말이다. 이러한 이치를 깨달은 사람은 잘나간다고 해서 목에 힘주고 다니지 않고 인생이 늪에 빠진다고 해서 아주 좌절하지 않는다. 지금 불행하면 다음에 좋은 때가 올 것이라 믿으며 희망을 품고, 지금 행복하면 다음에는 펄밭이 기다릴 수 있음에 주의를 기울인다.

음양 다음으로 반복되는 자연의 순리는 사시四時의 순환이다. 춘하추동春夏秋冬도 반복된다. 물론 사계절이 비교적 뚜렷한 동북아시아와 지구상의 몇몇 지역에 국한되는 현상이지만, 『주역』을 공유한 한자 문화권 국가에서는 여름이 지나면 가을이 오고, 곧 겨울이 닥쳤다가 봄이 찾아온다는 사실을 예측할 수 있었다.

앞서 제갈공명이 동남풍을 부린 것은 그의 기도발과 신통력이 작용해서가 아니라, 통계 덕분이었다. 그는 자연을 유심히 살핀 영민한 존재들이 오랫동안 쌓아온 통계에 근거해 전세를 뒤집었다. 요즘 식으로 표현하자면 빅데이터를 가지고 있었던 셈이다. 물론 통계가 딱 들어맞을 확률은 100퍼센트가 아니다. 그래서 제갈공명은 제단을 쌓고 하늘에 기도를 올렸다. 진인사대천명盡人事待天命 아니겠는가! 제갈공명은 마음을 바치는 것으로 사람의 일을 다한 뒤에 하늘의 처분을 기다렸다.

또 다른 방법은 인과론因果論이다. 원인을 통해 결과를 예측하는 것이다. 어떤 사람이 평소에 술을 과하게 즐긴다면 언젠가는 간경화에 걸릴 수 있음을 예상하는 방식이다. 또한 어떤 사람이 좋아하는 음식을 보면 그 사람의 현재 상태나 성격, 행동 등을 예측할 수 있다. 간이 약한 사람은 간을 보강하기 위해 신맛이 나는 음식을 좋아한다. 짠 음식을 선호한다면 콩팥이 약하기 때문이다. 단맛은 위장과 관련이 있다. 또 역할이 미미해 보이는 작은 일을 등한시하거나 직책이 낮은 사람을 대하는 자세와 태도를 보면 그 사람의 됨됨이를 알 수도 있다. 이런 식으로 결과가 내재되어 있는 원인을 살펴 미래를 예측하는 방식은 여러 분야에 적용할 수 있다.

무의식의 세계에 기대어 미래를 예측하다

고대의 사람들이 미래를 예측한 또 하나의 방법은 꿈, 즉 예지몽豫知夢에 기대는 것이다. 영대靈臺·신령스러운 마음가 밝은 사람은 중요한 사건을 앞두고 꿈을 꾼다. 가임기의 주부나 아이를 가진 임신부가 태몽을 꾸는 것도 같은 이치다.

내 주변에도 예지몽을 잘 꾸는 여성이 한 분 있다. 십여 년 전 이분이 범상치 않은 꿈을 꾸었다. 박근혜 전 대통령이 알몸으로 나타났는데, 지나가는 사람들이 그녀에게 못이나 칼 같은 쇠붙이를 던져대고 그로 인해 박 전 대통령의 몸에서 피가 철철 흐르는 이상한 꿈이었다. 그 여성은 당시에 그 꿈이 무엇을 의미하는지 몰랐다. 그저 불길한 꿈으로만 여겼다. 그래서 다음 날 가기로 했던 여행을 취소했다. 그런데 시간이 지나고 보니 그 꿈은 여행을 가지 말라는 개인사적인 경고를 한 것이 아니라, 국가 대사인 대통령 탄핵을 예시豫示한 것이었다. 이런 꿈을 꾸면 누구나 불길하다는 감을 가질 수는 있지만, 그것이 어떤 사건과 연관되어 있는지를 가늠하기는 어렵다. 그래서 예지몽을 꾸는 것 못지않게 해몽하는 능력을 갖추어야 한다.

인간의 무의식을 통하는 것도 미래를 예측하는 한 가지 방법이다. 일례로 우리나라 돌잔치 풍습 가운데 어린아이가 잔칫상에 올려놓은 물건 가운데 하나를 집도록 하는 돌잡이가 있는데, 이것도 일종의 무의식을 활용한 미래 예측 방법이다. 앞에 놓인 물건이 어디에 쓰는 것인지 모르는 어린아이가 특정한 사물에 손을 뻗는다는 것은 결코 무시하거나 우연으로 치부할 만한 일이 아니다. 태어난 지 오래지 않아 아직 문명의 때가 묻지 않은 생명일수록 생명의 원초적 영역과 밀접하게 연결되어 있는 법이다. 만약 웬만큼 나이를 먹은 사람이 돌잡이를 한다면 죄다 돈을 집지 않겠는가.

　서양의 타로카드를 뽑는 것이나 『주역』의 육십사괘 중에서 하나의 괘를 집는 것도 무의식과 관련이 있다. 마음을 차분히 가라앉히면 무의식이 작동하기 시작한다. 무의식은 미래의 어느 시점으로 향한다. 그래서 패를 뽑는 방식의 점을 칠 때는 무의식을 활성화시키는 것이 중요하다. 내가 의도적으로 패를 뽑는 게 아니라 무의식이 선택하도록 내버려두어야 한다. 의식은 과학과 기술을 비롯한 현대 문명을 탄생시켰지만, 그 저변에 깔려 있는 모든 아이디어와 창의적 사고는 무의식의 영역에 속한다. 심지어 인간의 소통 수단인 언어도 누군가 의식적으로 만든 것이 아니다. 오랜 무의식이 켜켜이 쌓여 탄생한 것이 언어다. 이처럼 무의식의 힘은 대단히 강력하다.

　지금까지 소개한 미래를 예측하는 4가지 방법 가운데 앞의 2가지는 의식의 영역에 속하는 것이다. 오랜 시간 축적된 사실을 바탕으로 추출한 통계와 어떤 현상에 내재된 의미를 간파하는 통찰은 예리하게 다듬어진 지적 능력에서 비롯된다. 반면에 뒤의 2가지는 무의식의 영역이다. 고도의 과학 기술이 발달한 현대 문명을 살아가는 사람들은 지식 체계를 중시하지만, 어떤 대상의 진가를 한눈에 알아보는 안목과 논리적 추론을 거치지 않고 사건의 진위를 파악하는 직관력 등은 인간이 가진 생명으로서의 본능이 발현된 것으로, 이것은 지식 이전이나 지식 그 너머에서 작용하는 미스터리한 능력이며 분명 실재한다. 사실상 어떤 선택의 기로에서 우리를 옳은 방향으로 안내하는 섬광 같은 감각과 판단은 지식과 정보 같은 의식의 세계가 아니라 무의식의 세계에 속한 경우가 많다. 미래를 내다본 도사들은 '선대先代'가 축적해놓은 오랜 경험과 데이터뿐 아니라 지적 생명체인 인간이 지닌 동물적 본성 또한 귀하고 높이 사서 활용할 줄 알았던 것이다.

근현대 이전의 사람들이 미래를 예측하는 또 하나의 방법으로는 귀신의 도움을 받는 것이 있다. 조심스러운 마음에 내가 '근현대 이전'이라고 표현했지만, 사실상 오늘날에도 귀신의 영험한 능력을 믿는 이들이 많다. 이 방법은 한 개인에 내재한 의식과 무의식의 차원을 넘어 영계靈界와 연결되어야만 가능하다. 여기에 대해서는 뒤에서 다시 다루도록 하겠다.

2 도사의 정체

도사는 어떻게 만들어지는가?

: 도사와 역술가 그리고 무당에 대하여

서양의 미래학자와 동양의 도사

같이 성장한 주변 친구들 거의 모두가 공부 잘해서 입신양명하기를 바랄 때 나는 엉뚱하게도 도사가 되고 싶다는 꿈을 품었다. 조금 나이가 들어서는 도사가 되기 위해 계룡산과 모악산, 월출산, 지리산을 비롯하여 전국의 명산을 돌아다니며 암혈巖穴과 동천洞天에서 수도하던 여러 선생을 찾아 공부했다. 하지만 결국 실패했다. 학창 시절부터 딱히 공부에 뜻이 없고 특별히 열정을 바칠 만한 다른 일을 찾지 못해서 되는 대로 살았지만, 유일하게 도사가 되기 위한 노력만큼은 나름대로 기울였다. 하지만 나는 도사의 자질을 타고 나지 못했던 것이다.

중국 청나라 때의 포송령 1640~1715은 과거 시험에 낙방한 뒤 낙담한 채 살다가 귀신 이야기에 재미를 붙여 『요재지이聊齋志異』라는 책을 썼다. 우리에게 유명한 홍콩 영화 〈천녀유혼〉도 『요재지이』의 한 부분을 따서 만든 것이다. 그는 이 책의 서문에 '귀신이 나를 위로한다'라는 기가 막힌 진술을 남겼다. 인간사에서는 자신을 위로해주는 것이 아무것도 없다는 말 아니겠는가. 허황하게만 들릴 수 있는 귀신 이야기만이 자신의 허무감을 달랜다고 고백했던 것이다.

중국 청나라 시기의 관리이자 작가인 포송령(蒲松齡). 원래 벼슬에 뜻을 두었으나 72세가 되어서야 과거 1차 시험에 합격했다. 그가 쓴 기담 모음집 『요재지이』(전 12권)가 사후 51년이 지난 1766년에 출간되면서 비로소 이름을 알리게 되었다.

포송령과 나의 공통점 하나를 억지로 끼워 맞추자면, 둘 다 뜻을 접은 뒤에 글을 쓰기 시작했다는 점이다. 나는 기묘한 꿈을 꾼 뒤로 글을 쓰기 시작했다. 도사를 꿈꾸었던 자가 도사들의 내력을 전하는 이야기꾼이 된 것이다.

그렇다면 어리고 젊었을 때의 나는 왜 도사가 되고 싶어 했을까? 그들이 지녔다고 추정되는 신통력이 탐났기 때문이다. 어떤 신통력일까? 호풍환우呼風喚雨·바람과 비를 불러오는 능력와 축지법縮地法 그리고 미래를 내다보는 예언 능력을 그 골자라 할 수 있다. 나는 그중에서도 예언 능력을 가장 높이 샀고 그 신통력을 얻고 싶었다. 미래를 예측한다는 것은 그야말로 엄청난 능력이다.

문명의 전 분야에서 인공 지능이 득세하는 시대가 되었다. 그러나 AI의 도움을 받아도 인간의 운명과 사회 변화를 예측하기란 쉬운 일이 아니다. 한때 우리나라에서는 서양의 미래학자들이 오늘날의 AI 못지않은 위세를 떨쳤다. 미국의 학자 앨빈 토플러 1928~2016와 프랑스의 석학 자크 아탈리1943~가 쓴 『제3의 물결』과 『부의 미래』, 『미래의 물결』 등의 서적들은 우리나라에서 오랫동안 베스트셀러 1위를 차지하는 등 수많은 판매고를 기록했다. 이 책들은 세상의 변화를 예측하는 것이 핵심 내용인데, 당시 나도 시류에 휩쓸려 이 책들을 읽었지만 내 머릿속에 남아 있는 내용은 거의 없다. 미래학이 무슨 첨단 과학 분야라도 되는 듯 요란하게 떠들었지만 내가 보기에 실생활에 적용할 만한 실속 있는 미래 예측은 찾아볼 수 없었다.

그럼에도 백인이 울리는 공허한 꽹과리 소리만 들어도 사람들은 머리를 조아린다. 서양의 백인이 미래를 예측하면 '미래학'이 되고, 한국 토종들이 예언을 하면 '미신迷信'이 되고 만다. 자기비하가 너무 심하다. 이 무슨 줏대 없는 짓인가! 적절한 자기비판은 겸손이 되고 외부의 충고에 열려 있는 자세라 할 수 있지만, 그 기본 전제부터 무시하고 들어가는 태도는 몰지성의 다른 이름이다. 서구에서 수입된 이론이라면 무턱대고 받아들이다 못해 고귀한 학문의 전당에 올려놓고 우러러보는 행위는 외세 추종일 뿐이다.

물론 소위 미래학자라는 이들과 우리의 도사들이 미래 예측에 활용하는 소재에는 큰 차이가 있다. 서구의 학자들은 데이터를 기반으로 하는 반면 동양의 도사들은 세상의 흐름 속에 숨겨진 이치理致와 순리順理를 살핀다. 앞서 미래를 예측하는 4가지 방식을 소개했는데, 이 가운데 서구의 학자들은 의식의 영역에 기대고, 동양의 도사들은 무의식의 영역을 중시하는 측면이 있다. 하지만 인류의 역사 속에서 오랫동안 빛을 발하는 고대의 수많은 발견과 건축과 사상들은 과학과 학문이 보편화되기 이전에 이루어진 것임을 기억해야 한다.

'미신 종사업자'가 되는 길

1980년대까지만 하더라도 문화관광부에서 발행한 직업 분류표에는 '미신 종사업'이라는 업종이 있었다. 말 그대로 미신에 종사하는 직업이라는 뜻이다. 대체로 점占을 치는 사람들이 이 업종군에 속했다. 지금은 어떤 표현을 쓰는지 모르겠다.

현대에 이르러 점을 치는 사람은 크게 2가지 유형으로 분류된다. 하나는 역술가曆術家이고 다른 하나는 무속인이다. 역술가는 책으로 공부해서 팔자를 보는 사람이고, 무속인은 신내림, 즉 접신接神이 되어 어느 날 팔자를 보는 능력이 갑자기 생겨난 사람을 일컫는다.

역술가나 무속인이 아닌, 내가 '도사'라고 부르는 이들이 도를 터득하고 신통력을 얻는 길은 다양하다. 삼성 창업주 이병철의 참모 역할을 맡았던 박 도사이 인물에 대해 155페이지에서 다루고 있다라는 인물은 관상과 사주를 풀이하는 능력이 뛰어나서 삼성의 인재 영입에 중요한 역할을 했다.

박 도사는 도가道家에 전해지는 비기祕記인 『옥추경玉樞經』의 주문을 외워서 신통한 능력을 얻었다고 한다. 『옥추경』은 천둥벼락을 다스리는 '뇌성보화천존雷聲普化天尊'이라는 신을 중심 신격으로 모시는 경전인데, 주문을 외면 잡귀를 쫓는 퇴마退魔에 효과가 크다고 한다. 당나라 말기의 인물이자 도교의 팔선八仙·여덟 명의 신선 가운데 한 명으로 꼽히는 여동빈은 종리권이라는 스승을 만나 도를 전수받고 천둔검법天遁劍法·하늘로부터 자신을 숨기는 검법을 익혀 신묘한 능력을 얻었으며, 이 능력을 바탕으로 수많은 요괴와 귀신을 퇴치했다고 알려졌다. 고구려 시대에 뿌리를 두고 있는 무술인 기천문氣天門을 오늘에 되살린 박대양은 원혜상인이라는 스승으로부터 기천문과 내가신장內家神將을 수련하여 도사급 능력을 얻었다. 계룡산에서 수련하던 박대양이 간첩으로 오인된 사건과, 세상에 나온 그가 부산 해운대 백사장에서 칠성파 조직원들과 대결한 일이 전설처럼 전해진다.

이처럼 도사들은 어떤 기연奇緣으로 스승을 만나 도를 전수받거나, 도가와 불가佛家에 비밀스럽게 전해오는 비급祕笈과 인연이 닿아 깊이 파고들거나, 속세에서 벗어나 외따로 지내며 무의식 속으로 깊이 침잠하는 과정을 통해 득도得道의 경지에 이른다. 이 같은 수련은 평범한 사람이 감히 범접하기 힘들 만큼 각고의 노력과 인내를 요구한다. 그렇다고 개인의 노력만으로 이룰 수 있는 일도 아니다. 반드시 어떤 기묘한 인연이 강력하게 작용해야만 한다. 한마디로 도사 팔자가 따로 있다는 말이다. 그런데도 나 같은 범인凡人이 도사가 되겠다고 나섰으니, 실패한 것이 당연한 일이었다.

이에 비해 역술가는 개인의 노력만으로도 성취가 가능하다.

물론 그 길 역시 가시밭길이다. 역술에 관한 공부가 만만치 않은 탓이다. 『명리정종命理正宗』, 『적천수滴天髓』, 『궁통보감窮通寶鑑』, 『서자평徐子平』 등 섭렵해야 할 고전이 부지기수다. 번역된 내용들이 죄다 한문조여서 이해하기가 쉽지 않다. 최소한 10년 정도는 공부해야 한다. 고전의 내용을 이해할 뿐 아니라 일정 부분은 바로 써먹을 수 있도록 암기해야 한다. 암기력, 이해력, 추리력, 논리력 등을 갖추어야 한다. 소질이 없으면 중도에 포기한다. '차라리 고시 공부를 하고 말지 이건 못하겠다'며 하산한다.

역으로 절에서 고시 공부를 하다가 호기심으로 역술 책을 들춰보다가 역술에 조예를 갖게 된 고시생들이 많다. 기업인과 정치인이 무속에 관심이 많다는 사실은 익히 알려진 사실이다. 그런데 판·검사를 비롯한 법조계 종사자들도 이들에 못지않다. 고시 공부하는 머리와 끈기로 사주와 역술 관련 책을 보면 보통 사람보다는 쉽게 이해할 수 있다. 게다가 나중에 고시에 패스해서 법조계에 있다 보면 널뛰는 팔자들을 많이 목격하게 된다. 떼돈을 벌었다가 어느 날 사기나 횡령 등으로 구속되는 경우를 비롯하여 갖가지 인간 군상이 펼치는 인생의 널뛰기 현장을 눈으로 목격하다 보면 자연히 팔자와 운명에 관심이 가는 것이다.

1970년대에 출간된 『사주정설四柱精說』이라는 책은 지금까지도 이 분야의 스테디셀러로 자리매김하고 있다. 설명 방식에 군더

더기가 없고 간단명료해서 읽기 좋기 때문이다. 이 책의 저자는 당시 현직 검사였다고 전해진다. 절에서 고시 공부할 때 사주 책을 보았고, 이후 검사로 지내면서 현장 경험을 덧붙여 본인이 직접 사주의 고전을 쓰게 된 것이다.

역술가와 무속인은 어떻게 다른가?

그렇다면 책으로 공부해서 실력을 쌓은 역술가의 장단점은 무엇인가? 역술가는 전체를 보는 안목은 발달하는데, 미세한 부분을 짚어내는 데는 약한 경향이 있다. 어떤 사람의 사주팔자를 보고 '이 사람은 관운이 좋다', '그 관운이 40대 후반부터 오겠다', '처덕이 있다', '물장사를 하면 돈을 벌겠다', '부동산보다는 주식을 해야 돈을 번다', '처궁 妻宮·아내가 있는 자리에 불을 질러서 장가를 세 번 가겠다' 등등의 예측은 할 수 있다. 사람의 인생 전반에 걸쳐 찾아오는 장기적인 팔자를 보는 눈이 발달한 것이다. 반면에 지금 당장 내가 당면한 문제에 대해서는 맞추지 못한다. 쉽게 말해서 족집게 도사가 되기는 어렵다는 말이다.

역술가에 비해 무속인은 족집게가 전공이다. 점집을 찾아가서 문지방을 넘어서자마자 "승진 문제로 왔구먼. 이번에는 어려워."라는 식의 말을 던진다면 접신된 사람이라고 보면 된다. 역술가는 이런 식으로 문제에 접근하지 못한다.

역술가는 내담자의 생년월일시를 물어보고, 만세력을 보아 이를 간지로 뽑고, 팔자를 훑어본 다음에 그 사람의 성격, 운세 등을 얘기한다. 그렇지만 무속인은 생년월일시 따위를 물어볼 필요가 없다. 얼굴 보자마자 곧바로 따발총을 갈기듯 이야기를 쏟아내는 스타일이 있는가 하면, 핵심적인 멘트 한마디만 날리는 수도 있다. 무속인 중에도 차분하게 생년월일시를 물어보는 경우가 있지만, 이는 형식에 불과하다. 고객이 방문하자마자 곧바로 점사占辭·점괘에 나타난 사항를 들이대면 당황하고 얼떨떨해할까 봐 일부러 뜸을 들이는 것이다. 또 어떤 무속인은 이런 식으로 뜸을 들여야 고객이 존중받는다는 느낌을 갖는다는 사실을 알고 그렇게 행동하기도 한다.

따라서 인생 전반에 걸친 운을 알고 싶다면 역술가를 찾고, 좀처럼 풀리지 않는 당장의 숙제에 대해서 알고 싶다면 무속인을 찾는 것이 정답이다. 역술가가 곁에서 꾸준히 조언을 해주는 인생 멘토라면, 무속인은 시원한 곳을 긁어주는 족집게 과외 선생이라 할 수 있다.

하지만 접신과接神科는 생명력이 짧다는 단점이 있다. 점발占發에도 티오T/O가 있기 때문이다. 무속인의 점이 무한정 맞는 것은 아니다. 예를 들어 10년 동안 써먹을 수 있는 점발이 1만 번으로 제한되는 식이다. 자동차의 보증 기간과 비슷하다고나 할까. 티오를 넘어서면 점발이 잘 안 맞는다. 그래서 어느 정도 나이에 이른 무당은 이제 막 접신이 된 새끼 무당을 제자로 들이는 데 마음이 급하다. 자신의 약해진 영발을 어린 무당의 에너지로 보완하기 위해서다. 배터리는 유한한 법이다.

3 예언과 도참

도사 강증산이 내다본 대한민국의 미래

: 한국의 의료 시스템과 한류가 가진 힘을 예측하다

세상을 완전히 뒤바꿀 신호탄으로서의 병겁

강증산1871~1909이라는 도통한 이가 있었다. 전북 정읍 출신으로 본명은 강일순이다. 그는 전북 김제 모악산의 대원사 산신각 터에서 기도해 도를 통했다고 한다. 그는 숱한 예언을 남겼을 뿐 아니라, 앉은뱅이를 일으켜 세우고 벙어리의 말문을 트이게 하는 등 여러 가지 신묘한 능력을 보여 수많은 대중을 거느렸다. 전라도 지역 사람들은 동학 농민 혁명1894을 거치면서 20만 명 이상이 죽어 나간 뒤로 집단적인 트라우마에 시달렸다. 이 동학 후유증으로 전라도가 초토화되었을 때 대중의 정신을 어루만지고 수습한 인물이 바로 강증산이었다.

기록으로 남아 있지는 않지만 증산 본인이 20대 초반 감수성 풍부한 시절에 동학군에 가담했을 가능성이 크다. 이후 일본 토벌대가 전라도 땅을 이 잡듯이 뒤지고 다닐 때 증산은 김제 모악산의 대원사로 숨어들었다. 대원사에서 1~2년간 패배감과 좌절감 등의 정신적 충격을 수습한 뒤 하늘에 '권능을 달라'는 기도를 했다. 불교가 추구하는 정신적 해탈이 목적이 아니었다. 일본에 대항하려면 물리적 힘을 갖추어야 할 것 아닌가. 이 과정을 통해 그는 어떤 권능을 얻었을까? 슈퍼 파워! 치병과 예언 능력이었다.

강증산은 전라북도 정읍에서 태어났다. 30세였던 1900년에 깨달음을 얻고 세상에 나와 대중을 교화하기 시작했다. 본명은 강학봉이고, 7세 때 강일순으로 개명했다. '증산'은 그의 호다. 대한제국 시대에 증산교를 창시했고, 오늘날까지 이어지는 증산도의 개조(開祖)로 일컬어진다. 대한민국과 세계정세에 관한 여러 가지 예언을 남겨 한반도와 관련한 중요한 이슈가 발생할 때마다 시시때때로 소환되고 있다.

강증산이 남긴 예언이 다 맞아떨어지지는 않았지만 참고할 만한 것을 추려보자. 여러 예언 가운데서도 가장 비중이 높은 예언이 '병겁病劫이 닥친다'는 부분이다. 병겁이라는 말에는 전염병으로 인해 세상이 천지개벽한다는 뜻이 담겨 있다. 전쟁과 기근이 아니라

역병이 닥쳐 세상을 완전히 뒤바꾸어놓는다는 예언이다. 그런데 병겁에 의해 천지가 개벽한다는 증산의 이 예언은 물론 인간 사회에 닥칠 크나큰 불행을 암시하지만, 한편으로는 세상을 완전히 바꾸어놓을 계기를 전염병이 마련한다는 뜻으로도 풀이할 수 있다.

증산이 말한 병겁의 해결책을 갖춘 대한민국의 현재

강증산의 설법을 정리하고 기록한 경전인 『도전道典』에는 병겁에 관한 대목이 많이 나온다.

> 장차 세계 각국이 있는 재주를 다 내며 싸우리니 재주가 가장 뛰어난 나라가 상등국이 되리라. 당래에는 병겁이 들어오는데 천하를 진탕으로 만들 것이나 뒤라서 활방을 얻어 멸망하는 인종을 살리리오. 이제 서양에서 넘어오는 무기에는 대항할 자가 없으니 전쟁을 멀리하고 의통醫統을 알아두라.

> 선천 개벽 이후로 홍수와 가뭄과 전쟁의 겁재劫災가 서로 번갈아서 그칠 새 없이 세상을 진탕했으나 아직 병겁은 크게 없었나니, 이 뒤에는 병겁이 전 세계를 엄습해 인류를 전멸케 하되 살아날 방법을

얻어내지 못할 것이라. 그러므로 모든 기사묘법奇事妙法을 다 버리고 오직 비열한 듯한 의통을 알아두라. 내가 천지공사天地公事를 맡아봄으로써 이 땅 위에 있는 모든 큰 겁재를 물리쳤으나, 오직 병겁만은 그대로 두고 너희들에게 의통을 붙여주리라.

동서양 싸움을 붙여 기울어진 판을 바로잡으려 했으나 워낙 짝이 틀려 겨루기 어려우므로 병病으로써 판을 고르게 되느니라. 난은 병란病亂이 크니라. 동서양의 전쟁은 병으로 판을 고르리라.

강증산은 후세가 지녀야 할 여러 능력 가운데 '의통'을 최고로 꼽고 있다. 병겁의 환란이 닥칠 것이니, 이를 뚫고 나갈 수 있는 방법으로는 의술밖에 없다고 본 것이다.

증산의 예언 가운데 특히 주목해야 할 대목은 '동서양의 기울어진 판을 병으로써 고르리라'는 부분이다. 동서양의 문명 수준 차이가 심하지만 전염병이 발생함으로써 차이가 줄어들고 어느 정도 평준화가 이루어진다는 뜻으로 풀이할 수 있다.

2019년부터 퍼지기 시작한 신종 코로나 바이러스 감염증코로나 19으로 인해 전 세계가 큰 타격을 받았다. 그런데 상대적으로 의료 수준이 빈약해 보이는 아시아보다 미국과 유럽 등 서구 세계가 더 큰 충격에 휩싸였다. 전염병이라는 것이 펄밭의 상태를 보여주는 효과가 있다. 썰물이 되어 펄밭이 드러나면서 그동안 이 펄밭에 어떤 퇴적물과 쓰레기가 쌓여 있었는지 참모습이 노출된 것이다.

제일 먼저 눈에 띄는 것이 각 나라의 의료 시스템이다. 건강보험 제도가 나라마다 어느 정도 수준인지 알게 되었다. 미국의 경우 감염 치료를 받으려면 수백만 원에서 수천만 원까지 지불해야 한다. 보험에 가입하지 못한 사회적 약자 계층은 아예 치료를 받을 엄두조차 내지 못하는 실상이 만천하에 드러났다.

이런 상황에서 전 세계적으로 부각된 것이 대한민국의 의료보험 시스템과 방역 체계였다. 지극히 당연하고 자연스럽게 누리느라 그동안 실감하지 못했는데, 우리나라의 의료 시스템은 상당히 높은 수준이었다. 의료 인력의 질도 그랬다. 유럽은 의사의 소득 수준이 공무원 연봉 정도여서 의료 수준이 우리나라보다 높지 않다. 한국은 지난 수십 년 동안 고등학교 최상위권 인재들이 의대로 몰리지 않았는가. 현재까지만 놓고 보면 대한민국은 증산이 말한 '의통'을 어느 정도 갖추지 않았나 싶다.

만국을 살릴 방법이 남조선에 있다

한반도에서는 역사적 전환기 때마다 흥미로운 도참圖讖·앞날의 길흉화복을 내다보는 술법이나 예언이 나타났다. 신라가 망해가고 고려가 뜰 때는 '곡령청송鵠嶺靑松 계림황엽鷄林黃葉'이라는 말이 시중에 떠돌았다. 곡령은 고려를, 계림은 신라를 의미한다. 고려는 푸른 솔처럼 파랗게 무르익는데, 신라는 누런 이파리처럼 시들어간다는 예언이자 진단이었다. 신라 말기의 벼슬아치로 요직을 꿰차다가 나중에 지리산과 가야산을 떠돌았던 최치원857~908?이 남긴 말이라고 한다. 고려가 기울고 조선이 들어설 무렵에는 '목자득국木子得國'이라는 도참이 유행했다. 이李·木+子 씨가 새 왕조를 세운다는 뜻이다.

구한말에 도사들 사이에서는 '만국활계 남조선萬國活計 南朝鮮'이라는 말이 떠돌았다. '만국을 살릴 방법이 조선의 남쪽에 있다'는 의미로 해석할 수 있다. 동학 농민 혁명이 불붙었을 때 이 도참이 유행했는데, 더 거슬러 올라가면 전라도 감사를 두 번 지내면서 여러 가지 미래를 내다보는 신통력을 발휘했던 이서구1754~1825의 작품이라고도 전한다. 이서구에 대해서는 판소리 〈호남가湖南歌〉의 작사자라고 보는 설이 있고, '봄 산에 영지 따러 가자'고 하는 「춘산채지가春山採芝歌」의 작자라고도 한다.

강증산도 '만국활계 남조선 청풍명월 금산사淸風明月金山寺'라는 예언을 했고, 원불교의 소태산1891~1943·원불교의 창시자 역시 비슷한 예언을 남겼다. '금강金剛이 현세계現世界하니 조선朝鮮이 갱조선

更朝鮮이라'는 예언이다. '금강산이 세상에 드러나니 조선이 새롭게 태어난다'는 뜻이다. 이 뒤를 이어 시인 김지하가 '만국활계 남조선'을 해석해 1985년에 『남녘땅 뱃노래』라는 책을 쓰기도 했다.

    1980년대 초반 대학에 다닐 무렵 이 만국활계 남조선 이야기를 들었을 때 나는 전혀 믿지 않았다. 어떻게 남한이 세계의 계책이 되고 조선이 새롭게 태어난다는 말인가! 소태산은 한술 더 떠서 '한국이 정신의 지도국이요, 도덕의 부모국이 된다'는 예언까지 남겼다. 냉철한 현실주의자의 입장에서 보자면 모두 '국뽕'급의 예언이자 도참이다.

    그러나 시간이 흘러 코로나 19 정국을 겪으면서 이 도참들이 국뽕으로만 몰아갈 것이 아니라는 생각이 들었다. 그래도 시대의 선각자라는 이들이 내놓은 예언인데 함부로 무시할 것만도 아니었다. 우리가 너무 우리 자신을 비하하는 데 익숙해진 것이 아닌가 하는 생각도 들었다. 겸손은 미덕이지만 비하까지 가서는 안 된다.

    앞서 이야기했듯 만국활계 남조선을 실감 나게 만든 상황이 코로나 19에 대처하는 한국의 실력이었다. 난리가 닥쳐야 그 사회의 저력이 드러난다. 우리나라의 저력은 하루아침에 이루어진 것이 아니었다. 의료 보험과 인적 수준이 지난 40년 가까이 축적되어 온 결과물이었다.

    한국을 방문한 외국인들은 한국이 지닌 여러 가지 장점에 놀란다. 대표적인 것이 카페에 자리를 잡을 때 노트북이나 휴대전화 등 고가의 물건을 빈자리에 갖다놓는 일이다. 외국에서는 다른 사람이 곧바로 집어가기 때문에 이렇게 할 수가 없다. 한국 시민 사회의 도덕성 수준을 읽을 수 있다. 뿐만 아니라 노트북과 휴대전화쯤은 한국인이면 누구나 갖고 있기 때문에 딱히 탐낼 상황도 아니다. 그만큼 경제 수준도 높은 것이다. 시설이 깨끗하고 운행 시각이 정확한 한국의 철도 시스템 역시 외국인들 사이에 자주 회자된다. 우리가 선진국이라고 여기는 나라의 지하철과 철도는 불결하고 냄새가 난다. 게다가 우리나라에서는 시내 곳곳에서 무료 와이파이가 펑펑 터진다.

현관문 앞에 택배로 배달된 물건을 놓고 가는 것도 외국 사람들로서는 이해할 수 없을 만큼 놀라운 일이다. 우리나라에서는 택배 물건을 주인이 아닌 이가 집어가는 경우가 거의 없다. 또 우리나라의 웬만한 도시에서는 여자들이 밤 10시 이후에 돌아다녀도 안전이 보장된다. 미국과 영국, 프랑스 같은 선진국에서도 해가 기울면 여자 혼자 다니기에 위험한 지역이 많다. 치안에 관한 한 한국은 세계 최고 수준이다. 우리는 당연하게 여기는 여러 가지 요소들이 외국인들에게는 경이의 대상이 된다. '만국활계 남조선'이다.

도참설과 후천 개벽

선천 시대와 후천 시대

: 기후 변화에 따른 세계정세의 변화를 예측한 도사

북쪽의 물이 빠져서 남쪽의 하늘로 흘러간다

세상이 이렇게 뜨거워질 줄 몰랐다. 요즘 유럽에서는 여름이 되면 40℃가 넘어가는 더위에 시달린다. 기온이 40℃를 넘어서면 밖에서 활동하기가 어렵다. 생활 패턴이 바뀔 수밖에 없다. 생활 패턴이 바뀌면 역사의 흐름도 달라진다. 온난화가 진행되면 위도가 높아서 기온이 냉랭하던 만주와 시베리아는 농사를 지을 수 있는 농토로 바뀔 것이다.

북극의 빙하가 녹으면서 배가 다닐 수 있는 북극 항로가 열리고 있다. 부산항에서 화물을 싣고 북극 항로를 거쳐 유럽으로 가면 기존 항로보다 거리와 시간이 획기적으로 단축된다. 인도양으로 돌아서 갈 필요가 없기 때문이다. 기후 변화가 문명의 축을 바꾸고 있다. 온난화가 가져오는 변화는 여러 가지 문제를 야기하지만, 이런 상황에서도 새로운 기회가 열린다.

후천 개벽後天開闢이라는 도참이 있다. 일부 학자들은 1860년 4월 5일에 최제우1824~1864가 천도교東學을 창시한 때를 후천 개벽의 시작이라 이르기도 하지만, 우주의 전반기인 선천先天이 지나고 후반기인 후천後天에 이르러 세계의 질서가 획기적으로 변화한다는 더 넓은 의미로 해석된다. 기후 변화에 따른 세상의 변모를 지켜보면서 후천 개벽을 떠올리는 이가 나 혼자만은 아닐 것이다.

1990년대 중반에 나는 대전에 살던 삼정三正 권영원1928~2018 선생으로부터 정역正易을 공부한 적이 있다. '정역'이란 조선 후기의 학자 김항1826~1898·본명은 김일부이 『주역』을 독자적으로 해석하여 주창한 역학 사상을 일컫는다. 김항 선생이 정역을 선포한 이후 그 맥은 일제 강점기를 거쳐 해방 전후와 한국 전쟁이라는 혼란기를 거치면서도 계룡산 일대를 중심으로 이어져왔다. 계룡산 국사봉 올라가는 지점에 있던 향적산방香積山房에서 훗날 충남대학교 총장을 지낸 이정호 선생이 젊은 제자들에게 정역 수업을 했는데, 그 수업에 참여했던 멤버 가운데 한 사람이 바로 삼정 선생이었다.

당시 삼정 선생의 정역 강의를 들으면서 내가 특히 주의를 기울였던 부분이 '수석북지水汐北地 수조남천水潮南天'이라는 대목이었다. 석汐은 저녁 조수를 의미한다. 이를 해석하면 '북쪽의 물이 빠져서 남쪽 하늘로 흘러간다'는 뜻이다. 북쪽의 물이 빠진다니, 무슨 뜻인가? 지금 생각하니 북쪽의 물이란 북극의 빙하다. 북극의 빙하가 빠른 속도로 녹아내리고 있다. 북극뿐인가? 남극도 마찬가지다. 빙하가 녹은 물이 어디로 가겠는가? 지대가 낮은 지역으로 흘러간다. 이런 지역들은 물에 잠길 가능성이 크다.

정말 일본이 물속으로 가라앉을까?

1970년대에 《선데이 서울》 같은 주간지가 유행했다. 이런 잡지에서 가끔 탄허 스님1913~1983의 예언을 다루고는 했다. 예언의 내용이 다소 자극적이어서 황색 언론에서나 다룰 수 있었다.

탄허 스님의 예언 가운데 하나가 '일본 열도가 물에 가라앉는다'는 것이었다. 한편으로는 황당하기도 했지만 탄허 스님 같은 고승의 입에서 나온 말이라 쉽게 무시할 수도 없었다. 어쨌든 일본이 물속으로 사라진다는 이 예언은 응어리진 민족 감정을 해소해주는 시원한 메시지로 다가와서 대중에 회자되었다. 도대체 탄허 스님은 무슨 배짱으로 그처럼 대담한 예언을 했을까? 삼정 선생에 의하면 이 예언은 정역의 '수석북지 수조남천'에서 유래했다고 한다. 북쪽에 있던 물이 빠져서 남쪽으로 내려가다 보면 중간에 일본이 있다. 일시에 불어난 물로 인해 일본이 물벼락을 맞을 수밖에 없다고 본 것이다.

문재인 정부가 탄생하는 과정에서 드루킹 여론 조작 사건이 일어났다. 이 일로 결국 징역형을 받은 드루킹_{본명 김동원}은 자미두수_{紫微斗數·10세기 무렵 중국 송대의 도인인 진희이가 창안한 역술로, 천문의 이치를 통해 인간 세상의 흐름을 파악했다}라고 하는 점성술에 상당한 조예가 있었다고 한다. 특히 재물운이 언제 들어올지 잘 맞혀서 추종자가 많이 생겨났다. 이렇게 추종자가 생기면 몸에 힘이 들어가고, 힘이 들어가면 오버하게 된다. '오버'란 무엇이냐? 정치에 너무 가까이 다가가는 것이다. 정치라는 칼날에 묻은 꿀을 혀로 핥다 보면 칼에 베이는 수가 있다.

술사_{術士}가 선생을 만나지 못하고 혼자 독학하는 노선을 걷다 보면 오버와 시행착오를 겪을 수밖에 없다. 드루킹은 풍수도참과 예언비기류_{豫言秘記類}에도 관심이 컸던 것 같다. 여론 조작으로 민주당에 유리한 판세를 만들면서 그가 일본 오사카 총영사 자리를 요구했다고 하는데, 필자의 주관적 추측으로는 그의 그러한 요구가 '수석북지 수조남천'과 관련 있지 않은가 본다. 북극 빙하가 녹아서 앞으로 일본이 물에 가라앉기 전에 일본에 사는 우리 교포

들을 탈출시켜야 한다, 특히 오사카에 재일교포가 많이 살고 있다, 그러니 오사카 총영사 자리가 중요하다…… 이런 의도가 아니었을까? 나는 드루킹을 만나본 적이 없고, 왜 오사카 총영사 자리를 요구했느냐고 물어본 적도 없다. 단지 매설가賣說家의 상상력을 동원해보면 그렇다는 이야기다.

선천 시대가 가고 후천 시대가 열리다

연도를 숫자로 표기하는 방식에는 시간이 계속 앞으로 나아간다는 개념이 깔려 있다. 2025년, 2026년, 2027년…… 이런 식으로 말이다. 그렇다면 그 끝은 어디일까? 시간이 끊어진 자리를 선가禪家에서는 단제斷際라는 단어로 표현한다. 시간이 끊어진 자리에 해탈이 있다.

2025년을 육십갑자로 나타내면 을사乙巳년이다. 육십갑자로 시간의 흐름을 파악하는 데에는 60년이 지나서 다시 원위치로 돌아온다는 시간관이 바탕에 깔려 있다. 회귀回歸의 시간이고, 회갑回甲이다. 시간은 흘러가면서도 한편으로는 되돌아온다는 이러한 고대인의 생각은 영겁회귀설永劫回歸說로 정리되었다. 영겁회귀설을 바탕에 둔 사고 체계 가운데 하나가 60진법이다. 60년 만에 시간이 원위치로 돌아온다는 시간관에서 비롯된 60진법의 계산 방식은 고대 바빌론의 천문역법에서 유래했다고 한다. 그만큼 천문학이 발달했던 모양이다. 이 60진법을 중국에서도 받아들였다. 60진법은 1시간을 60분으로 나눈 시간 개념으로 오늘날까지 그 흔적이 남아 있다.

중국 북송 시대의 학자 소강절1011~1077·본명은 소옹은 60년 주기보다 스케일이 크고 복잡한 시간 회귀설을 주장했다. 원회운세元會運世라는 시간 단위다. 원元은 12만 9,600년이다. 소강절에 따르면, 12만 9,600년마다 한 번씩 우주의 거대 시간 단위인 원이 바뀐다. 회會는 무엇인가? 1원元을 12번 나눈 것이 1회다. 1만 800년에 해당하고, 이 시간마다 회가 바뀐다. 운運은 회를 30으로 나눈 시간 단위로,

소강절(소옹)은 북송 시대의 철학자이자 역사가, 시인이다. 숫자와 상징에 기반하여 주역의 원리를 해설하는 독특한 사상을 전개했다. 이로 인해 19세기에 등장하는 수리 철학(數理哲學)의 선구자로 일컬어지기도 한다. 실제로 그의 사상이 독일 철학자 라이프니츠의 이진법에 영향을 미친 덕분에 현대 컴퓨터가 등장하는 데에 일조했다고 평가하는 이들도 있다.

360년이다. 360년마다 운이 바뀐다. 운을 12로 나누면 세世가 된다. 30년이다. 우리가 말하는 '세대世代·generation'의 주기가 바로 이 30년이다. 따라서 가장 작은 시간 단위가 30년 주기인 세이고, 가장 큰 시간 단위는 12만 9,600년의 주기를 갖는 원이다.

영겁회귀설이든 원회운세든, 과거의 사람들은 일정한 숫자로 인간 세상과 우주의 순환을 예측할 수 있다고 믿었다. 이러한 사고의 밑바닥에는 밤하늘에 보이는 천체의 움직임이 규칙적이라는 기반이 깔려 있다. 조명 장치가 발달하기 전 밤하늘의 별자리는 태고의 전설을 품은 이야기책이자 달력이었고, 파종과 수확의 시기, 계절의 변화를 예고하는 가장 중요한 정보 시스템이었다. 어김없이 같은 자리에서 솟아나는 태양과, 날마다 태양의 빈자리를 메워주는 달과, 약속이나 한 듯 일정한 시간 간격을 두고 제자리로 돌아오는 밤하늘의 수많은 항성과 행성과 혜성 등의 천체가 보여주는 규칙적인 움직임을 통해 인간은 시간의 흐름과 변화를 파악하고 예측했던 것이다. 만약 천체의 움직임이 불규칙하다면 불가능한 일이었다.

우리의 민족 종교들이 주장하는 후천 개벽의 시간 개념은 소강절이 주장한 12만 9,600년 주기의 원에서 유래했다고 여겨진다. 선천先天은 12만 9,600년의 전반부인 6만 4,800년을 가리키고, 후천後天은 나머지 6만 4,800년이다. 후천 개벽이란 선천의 시기가 지나가고 후천의 시기에 이르러 이제 새로운 질서가 시작된다는 의미다.

그렇다면 후천 개벽을 통해 어떤 일들이 벌어질까? 1970~80년대에 내가 계룡산 정역파 선생들에게서 들었던 말은 이런 것들이었다. '앞으로 아이를 낳지 않게 될 터이니 지금 많이 낳아라', '딴따라가 대접받는 사회가 온다', '한국이 앞으로 전 세계의 정신적 지도국이 된다' 그때에는 그저 노인네들이 하릴없이 하는 소리로 여겼다. 하지만 시간이 지나고 보니 절대 허튼 소리가 아니었다. 인구가 기하급수적으로 늘어나서 산아제한을 하던 때가 엊그제 같은데 지금은 인구 소멸을 이야기하고 있다. 대중적 인기를 누리면서도 사회적으로는 천한 대접을 받는 연예인들이 이제는 웬만한 명사名士 이상의 지위를 누린다. 지난 코로나 19에 대한 기민한 대처로 대한민국은 국가적 위상이 현격히 높아졌을 뿐 아니라 음식과 대중문화, 안정적이고 선진적인 국가 시스템으로 인해 수많은 세계 시민의 부러움을 사는 나라가 되었다. 그러니 후천 개벽의 연장선상에 있는 예언들을 그냥 흘려들을 수만은 없는 것이다.

한반도를 둘러싼 예언들이 예고했던 기후 변화의 시대는 이미 시작되었고, 그에 따라 먹거리에서부터 비롯한 일상의 자잘한 일들도 큰 변화를 맞을 것이다. 지리적 여건, 특히 새로운 무역 항로가 개척되면서 국가 간의 동맹이나 우호 관계에도 변화가 찾아올 것이다. 이 모든 일들이 그야말로 '순식간에' 일어날 것이다. 후천 개벽은 시대의 변화를 예고하는 동시에 지금껏 익숙하게 누려왔고 당연하다고 여겨왔던 모든 것들이 낯설어질 것임을 경고하고 있다. 굳이 고승들과 도사들의 예언이 아니라도 우리는 이미 그런 시대에 진입해 있고 그때를 살고 있다. 이제 이 '후천 개벽'의 시대를 어떻게 살아갈 것이냐는 숙제만이 우리 앞에 놓여 있다.

5 정치와 도사

근현대 한국 도사들의 원조

: 대원군 시절부터 오늘날까지 이어지는 이름, 백운학

5·16 군사 쿠데타 직전에 김종필이 만난 도사

2011년 초반 3김 중의 한 사람인 김종필1926~2018이 중풍으로 고생하던 무렵 서울 강남의 한 음식점에서 만나 3시간가량 인터뷰를 한 적이 있다. 그가 박정희 전 대통령과 함께 5·16 거사를 하기 전에 도사를 만난 사실이 있다는 소문의 진위를 캐는 것이 인터뷰의 목적 가운데 하나였다.

거사를 계획하고 이를 실행할 날짜가 다가오자 일이 어떻게 될지 궁금하기도 하고 실패하면 어쩌나 하는 두려움도 있고 해서 김종필은 용하다는 도사를 만나기로 했다고 한다. 거사를 불과 1주일쯤 앞둔 1961년 5월 초쯤이었다. 죽느냐 사느냐, 성공하면 영웅이고 실패하면 반역자로 사형당할 각오를 다질 무렵이었다. 그가 찾아간 도사는 당시 종로의 한 여관에서 장기 투숙하며 영업을 하던 '백운학'이라는 인물이었다. 인터뷰 당시 김종필의 육성을 여기 옮긴다.

"당시 군대 동기로 같이 근무하던 석정선이라는 친구가 사주팔자 보는 걸 좋아했소. 그가 서울에서 용하다고 소문났으니까 한번 가보자고 해서 아침 일찍 백운학이 있는 여관으로 갔지. 오전 9시 넘어가면 사람이 몰리니까 7시쯤 갔던 것으로 기억나오. 이른 시간이었는데도 불구하고 사람들이 이미 몇 명 와 있더군. 그래서 나는 방 건너편의 의자에 멀찌감치 앉아서 대기하고 있었는데, 백운학이 나를 보더니만 대뜸 '거기 의자에 앉아 있는 손님, 이리 와보셔. 가만있자, 얼굴을 보니 세상을 뒤엎으려고 하네.' 하는 게 아니겠소."

순간 JP는 크게 당황했다고 한다. 일급 기밀이 여러 사람 있는 데서 누설되면 큰일 나는데, 라는 생각이 퍼뜩 들었다. 당장 동행한 석정선조차도 거사 계획을 모르던 상태였다. 그 중요한 비밀을 예상 밖의 상황에서 친구한테 들킨 셈이 되었다. 이어서 백운학에게서 날아온 말. "뒤엎겠어! 성공하겠어!" 그 말을 듣고는 한편으로는 안심이 되었다고 한다.

백운학을 만나고 나오는 골목길에서 JP는 석정선에게 말했다. "거사 계획을 들었으니 너도 같이 가담해라." 하지만 석정선은 "나는 처자식이 있어서 못하겠다." 하고 발을 뺐다. 그래서 다시 JP는 "그러면 이 사실을 누구에게도 발설하면 안 된다. 만약 누설하면 너에게 총을 쏠 수밖에 없다."고 단단히 다짐을 받았다.

당시 백운학은 50대 중반이었다고 한다. 그야말로 족집게였다. 상대방을 보자마자 일격에 날리는 점사의 적중률이 90퍼센트쯤 되었을 것이다. 내가 생각하기에 JP의 거사를 내다본 그 백운학은 책으로 공부한 역술가가 아니라 접신이 된 무속인이었을 것으로 추정된다. 접신이 되면 귀신이 인공위성에서 광선을 쏘듯 무속인의 귀에다 대고 필요한 사실을 알려준다.

과연 소문대로 용하기는 했지만 종로의 여관에서 점사를 날리던 백운학은 '원조'가 아니다. 원조 백운학은 흥선 대원군의 장자방 역할을 했던 조선 말기의 인물이다. 원조 백운학이 행방불명된 뒤 그의 후광을 이용하려고 이름을 도용했던 백운학이 수십 명이었다. 1990년대 중반 YS김영삼 정권의 국정원에서 조사를 해보니, 전국에 백운학이라는 이름으로 영업하는 점쟁이가 23명이었다고 한다. 살아생전의 YS와 서울 상도동에서 밥을 먹으며 직접 들은 이야기다. JP와 박정희의 거사를 알아챈 백운학도 그 수많은 백운학 중의 한 명이었을 것이다.

흥선 대원군의 장자방이었던 원조 백운학

대원군 시절 이름난 도사가 한 명 있었다. 그가 바로 숱한 아류를 낳은 원조 백운학白雲鶴·1806~1869?이다. 백운학이라는 이름은 별호別號이고, 본명은 박유붕이다. 경상북도 청도 출신이다.

조선 시대 역대 권력자 가운데 흥선 대원군1821~1898·이름은 이하응만큼 파란만장한 삶을 살다 간 사람이 없다. 거의 군왕으로 지내면서도 궁궐 밖 생활을 잘 알았다. 그만큼 민심을 읽는 안목이 좋았다.

권력을 잡으면 사람이 몰려들기 마련이다. 권력자와의 연줄이 곧 자리와 돈을 가져다주기 때문이다. 권력자로서는 자신에게 몰려드는 사람들을 감별하는 일이 다른 어떤 일보다 중요하다. 접근해오는 인간의 정체가 무엇인지, 어떤 꿍꿍이를 품고 있는지, 혹여 적은 아닌지 파악해야 하기 때문이다. 지인지감知人之鑑·사람을 알아보는 감식 능력은 권력자의 생존을 보장하는 최고의 능력이다. 대원군 곁에서 이 지인지감 능력을 발휘한 인물이 바로 백운학이었다.

『매천야록梅泉野錄』구한말의 학자 황현이 1864년부터 1910년까지의 역사를 기록한 책. 당대에 떠돌던 갖가지 풍문을 기록하여 주류 사학계가 기록하지 못한 세밀한 부분을 알 수 있으나, 정사(正史)라고 하기는 어렵다에 의하면, 박유붕의 처가는 명나라 무장武將으로 임진왜란에 참전했다가 조선인으로 귀화한 두사충의 집안이었다고 한다. 두사충은 무장인 동시에 풍수와 점술, 관상의 대가였는데, 그가 조선에 남은 것도 명이 곧 청에 의해 멸망할 것을 내다보았기 때문이었다. 그는 조선에 정착한 뒤 자신이 알고 있는 지식을 책으로 정리했는데, 이 책이 박유붕 처가에 대대로 전해졌고, 이 책으로 공부한 박유붕은 훗날 조선 제일의 관상가가 될 수 있었다고 한다. 심지어 그는 한쪽 눈을 잃는다면 관상을 더 잘 볼 수 있다는 스승의 말을 듣고 스스로 눈을 찔러 애꾸가 되기까지 했다.

청도에서 공부를 마치고 한양에 입성한 백운학은 운현궁흥선대원군 일가가 살던 조선 왕족의 사가(私家). 서울 종로구 운니동에 있다에서 상서로운 기운이 뻗치는 것을 알아차리고 그쪽으로 향했다. 마침 열두세 살 먹은 명복 도련님이 제기를 차고 놀고 있었다. '명복'은 고종재위 1863~1907·조선 26대 왕의 아명이다. 명복을 본 백운학은 '장차 임금이 될 관상'이라는 점괘를 아버지인 대원군에게 내놓았다.

"복채를 주십시오. 군왕이 될 상인데."

"얼마냐?"

"삼천 냥은 받아야겠습니다."

"지금은 돈이 없다."

"어음이라도 써주십시오."

대원군은 삼천 냥을 주겠다는 약속을 글로 써주었다일설에는 삼만 냥이라고도 한다. 나중에 명복이 왕위에 올랐을 때 백운학이 당나귀 3마리를 끌고 운현궁의 대원군 앞에 나타났다. 삼천 냥의 엽전을 싣고 가기 위해서였다.

전해오는 이야기로는 대원군이 삼천 냥을 주었다고 하지만, 내가 백운학의 후손에게서 직접 들은 이야기는 내용이 다르다. 대원군은 복채로 지금의 운현궁 건너편에 위치한 수운회관 자리에서부터 수표교까지의 땅을 주었다는 것이다.

명성왕후로 인해 갈등을 겪다

고종이 왕위에 오른 뒤 흥선 대원군이 백운학을 총애했음은 당연한 일이다. 흥선 대원군이 백운학을 지근거리에 두기 위해 운현궁 바로 옆에 45칸 저택을 지어주었다는 이야기도 있다. 흥선 대원군 자신의 앞날이 풍전등화인 상황에서 홀연히 나타나 아들이 왕위에 오를 것을 내다본 인물을 곁에 두고 싶은 것은 인지상정이다.

백운학의 비극은 명성왕후 민씨가 등장하면서 시작되었다. 흥선 대원군은 세도가 집안을 견제하기 위해 처가 여흥 민씨의 규수인 민자영을 고종의 중전으로 선택하기를 원했으나, 백운학은 그녀가 대원군의 앞길을 막을 것이라고 경고하면서 세 번이나 말렸다. 이 일로 백운학과 흥선 대원군의 관계가 틀어졌지만, 대원군은 어려운 일이 있을 때마다 백운학의 자문을 구하고는 했다.

이후에 어떤 일이 벌어졌는지는 역사가 이야기해준다. 야망이 컸던 명성왕후는 대원군이 고종 위에 군림하는 것을 못마땅하게 여겼고, 나중에 고종 역시 명성왕후와 공동 노선을 취하면서 고립된 흥선 대원군은 정치적 실권을 상실하게 된다.

경북 청도 지역에 전해오는 박유붕의 초상이다. 초상을 보면, 세간에 알려진 바와 달리 그는 애꾸가 아니다. 뿐만 아니라 고종이 왕위에 오를 것을 예견하여 흥선 대원군에게 발탁되었다는 야사와는 다르게 그는 1845년 무과 시험의 병과에 급제한 하급 관리였다. 실제로 같은 해에 무과에 급제한 이들의 이름을 적은 교지에 그의 이름이 올라 있다. 고종이 왕위에 오른 1864년 이후 그가 유례를 찾기 힘들 정도로 빠르게 승진한 사실로 보아 당시 실력자였던 흥선 대원군의 후광이 있었음을 짐작할 수는 있다.

명성왕후는 자신의 세력을 점점 확장해가던 중 대원군 진영에 백운학이라는 존재가 있음을 알고 자기편으로 끌어들이려 했다. 이때 백운학은 왕후의 요청을 거절하기 위해 나머지 한쪽 눈마저 담뱃불로 지지고는 "저는 이제 앞을 못 보는 병신입니다. 더 이상 관상을 볼 수 없습니다."라고 말했다. 이후 백운학은 행방불명 되었다. 사람들은 자신에게 화근이 될 것을 염려한 명성왕후가 백운학을 처리했을 것이라고 수군거렸다.

백운학의 사례는 한 가지 중요한 사실을 알려준다. 도사는 악어처럼 수면 아래에 도사리고 있어야 한다는 점이다. 물 밖으로 노출되면 사냥꾼의 표적이 될 수밖에 없다. 세상을 움직이되 자신을 드러내서는 안 되는 것이 도사의 숙명이다. 역사적으로 대중 사이에 이름이 오르내린 '도사' 치고 결말이 원만했던 이는 아무도 없다.

최고 권력자의 오른팔로 영화를 누렸던 백운학은 결국 비극적인 결말을 맞았으나, 그의 이름은 후대 도사와 관상가들의 '간판'이 되어 아직도 이어지고 있다. 어쩌면 백운학은 그런 식으로 영원히 기억되기를 바랐는지도 모른다.

도사의 위기 극복

신통력과 덕으로 주변을 살리다

: 자연재해와 난리에 맞선 도사 조갑환의 대처

한국 전쟁을 내다보고 손자를 살리다

충남 논산시 연무읍에 육군 훈련소가 있다. 대체로 논산 훈련소라고 부르지만, 연무대鍊武臺라는 이름으로도 불린다. 한국 전쟁 이전까지만 해도 이곳의 지명은 구자곡九子谷이었다. '아홉 명의 자제들이 모이는 곳'이라는 뜻이다. 우리나라에는 미래 상황을 예언한 지명이 더러 있는데, 구자곡이 그런 곳이었다. 논산 훈련소는 전국 각지의 청년들이 군사 훈련을 받기 위해 모여드는 곳이 되었으니, 예언이 이루어진 셈이다.

과거 구자곡 죽본면의 서작골이라는 동네에 서당 선생 한 명이 살았다. 성은 이씨인데 이름은 알려지지 않았다. 해방 후인 1947년, 죽본에서 동네 이장을 하던 서른세 살의 천종용1914~1975이 친구 이홍직을 따라 이 서당 선생에게 세배를 하러 갔다. 세배를 올리고 방을 나서려 할 때 서당 선생이 할 말이 있다며 천종용을 붙잡았다.

"앞으로 몇 년 내로 난리가 난다. 개벽 이래로 가장 많은 사람이 죽게 될 것이다."

"어디로 피난 가면 살 수 있습니까?"

"인심이 흩어지지 않는 곳이 피난처다. 인심을 모으는 것이 곧 피난이다."

"또 하실 말씀은 없으십니까?"

"난리가 나면 내 손자 이생규가 죽을 지경에 이르게 된다. 그때 내 손자를 자네가 살려줄 수 있다. 자네가 보증을 서주면 산다."

죽본은 300호 정도가 사는 동네였다. 서당 선생으로부터 경고를 들은 이장 천종용은 기회 있을 때마다 동네 사람들에게 "앞으로 무슨 일이 생기더라도 똘똘 뭉쳐야 합니다."라고 강변했다. 이런 일은 말로만 한다고 되는 것이 아니다. 이장은 동네 사람들에게 인심을 베푸는 일을 빠뜨리지 않았다. 베푸는 것 이상으로 강한 펀치가 없다. 그리고 6·25가 일어나기 몇 달 전 공무원들이 기껏 만들어놓은 신작로에 자갈 까는 공사를 하는 걸 보면서 천종용은 곧 난리가 터질 것을 직감했다.

마침내 한국 전쟁이 발발했다. 이 선생의 손자 이생규는 고갯길을 넘다가 국방군에게 붙잡혀서 빨갱이로 오인받아 죽을 지경에 이르렀다. 이 소식을 들은 천종용이 곧장 달려가서 그는 빨갱이가 아니라고 항변했다. "만약 이생규가 빨갱이면 이장 당신이 책임질 테야?" "내가 보증하겠소. 목숨을 걸고 책임을 지겠소." 그렇게 이생규는 풀려날 수 있었다. 6·25 때 주변의 다른 동네에서는 사람이 많이 죽어나갔지만 천종용의 동네는 단 한 사람도 희생되지 않았다. 이 이야기를 해준 사람은 당시의 이장 천종용의 아들 천리향 2025년 현재 80세으로, 그는 전통 예절을 가르치는 일을 하고 있다.

서작골의 훈장 이 선생은 2가지 미래를 내다보았다. 곧 한국 전쟁이 터질 것과 위험에 처할 손자의 목숨이 천종용에게 달려 있다는 것. 이 선생이 이러한 예측을 한 데에는 의식의 영역과 무의식의 영역이 동시에 작용했다. 당시 한반도의 상황을 세심하게 살핀 선각자라면 곧 종족 상잔의 비극이 터질 것을 어렵지 않게 예측할 수 있었을 것이다. 이것은 의식의 영역에 속한다. 하지만 손자가 위험에 처하고, 그런 손자를 살릴 사람이 천종용이라는 사실을 내다보는 일은 의식의 영역을 벗어난 일이다. 마침 천종용이 서당 선생에게 세배를 하러 갔던 일도 범상치 않다.

그것은 분명 과학적으로 설명하기 힘든 미스터리한 일이다.

하지만 세상사의 원인과 결과가 딱딱 맞아떨어지는가? 주변에서 일어나는 일들에 대해서 모두 논리적으로 해명할 수 있는가? 보편 종교의 틀 안에서 일어나는 기묘한 일에 대해서는 '기적'이라 칭하면서 토종 도사들과 무속인들이 행하는 신통한 일에 대해서는 어찌 미신이라고 치부하고 마는가? 받아들이든 받아들이지 않든 과학과 합리의 범주를 벗어난 일들이 실제로 일어나고 있다. 중요한 것은 그러한 능력을 어디에 사용하는가 하는 문제다. 개인의 탐욕을 채우고 타인을 해하는 일에 쓴다면 응당 대가를 치르게 된다. 시쳇말로 골로 간다.

"그가 하면 그게 맞다."

과거에 호남은 도사의 땅이었다. 이유는 호남에 평야가 발달했기 때문이다.

도사는 자연인이자 경계인이다. 쉽게 말해서 변두리 인생이다. 정주定住하지 못해서 부잣집 사랑채에서 밥을 얻어먹으며 연명했다. 신통력을 부려서 인심을 얻고 추종자들로부터 재물을 뜯어낼 법도 하지만, 도사들은 그러지 않았다. 그런 마음을 먹는 순간 '골로 간다'는 걸 잘 알았기 때문이다.

> 호남평야. 우리나라에서 가장 큰 곡창 지대다. 호남은 평야가 발달한 덕분에 벼농사가 발달하여 부자가 많았다. 부유한 환경 덕분에 수많은 예인과 도사급 인사들이 이 땅에 기대어 살았다. 우리나라에서 유일하게 지평선을 볼 수 있는 김제 지역에서 예언가가 많이 탄생한 것은 결코 우연이 아니다. 하지만 호남 지역은 한국 전쟁 당시에 계급 갈등이 심한 탓에 불행한 사건을 많이 겪기도 했다.

도사들이 호남에 기대어 살았던 이유는 이 지역에 평야가 발달한 덕분에 만석꾼 집안이 많아서 밥을 얻어먹을 수 있었기 때문이다. 상대적으로 들판이 적었던 경상도에서는 유랑 인생들이 장기 무료 숙박을 할 처지가 안 되었다. 도사류의 인물들뿐 아니라 소리꾼을 비롯한 예인藝人들도 전라도 덕을 많이 보았다. 전국을 떠돌았던 시인 김삿갓이 가장 자주 머물렀던 고장이 전라도 화순이다. 죽을 때도 화순에서 죽었다.

판소리 단가인 〈호남가湖南歌〉에 '화순은 풍속이 순하고'라는 대목이 나온다. 그래서 이름도 화순和順이다. 왜 풍속이 순한가? 먹을 것이 풍족하기 때문이다. 먹고사는 문제가 원만해야 풍속도 순해진다. 아니면 험악해진다.

무등산이 전라도 광주를 상징하는 산으로 알려져 있지만, 풍수적 관점에서 볼 때 무등산은 광주의 산이 아니다. 화순의 산이다. 화순의 뒷산이니까. 무등산을 배산背山으로 두고 있기에 화순은 무등산의 정기를 받아 여러 인물을 배출했다. 그중 최근에 내가 알게 된 인물이 조갑환1890-1984이다.

조갑환은 학문과 도력道力을 겸비한 도사였다. 그의 외손자 가운데 한 명이 가톨릭 신부가 되었는데, 박신언 몬시뇰mon seigneur·가톨릭 사제 가운데 덕행과 학문적 업적이 뛰어난 신부에게 내리는 명예 칭호이다. 2025년 현재 팔십 대인 그는 2005년에 외할아버지 조갑환을 추모하며 짤막한 편지투의 글을 쓴 적이 있다.

> 제가 대학에서 철학을 공부하고 있을 때의 일입니다. 하루는 어머니께서 "애야, 할아버지께서 말씀하시기를 네가 서른 살이 되면 밥걱정을 안 하게 되고, 쉰을 넘으면 신문에 네 이름이 크게 난다고 하시더라." 하시면서 무척 흐뭇해하신 것이 기억납니다. 저는 예정론을 믿지 않거든요. 그런데 30세에 제가 천주교 신부가 되었고, 또 51세에

평화방송, 평화신문 사장이 되었어요. 지금은 천국에 계실 할아버님, 그것을 어떻게 아셨는지요? 그 비법을 배워두었어야 하는데……

박신언 신부는 가톨릭 사제가 되었으니 외조부 조갑환의 예언대로 밥 굶을 일이 없다. 종교 교단은 도 닦는 조직이어서 본능적 욕구를 제한하지만, 구성원들을 보호해주는 울타리 역할도 한다. 울타리 안에 있으니 먹고살 걱정이 없고, 신문사 사장이 되었으니 신문에 크게 난다는 예언도 맞아떨어졌다. 아마도 조갑환이 보기에 외손자의 사주팔자에 토±가 여러 개 있었을 것이다. 토는 종교적 신심을 지칭한다. 팔자에 토가 많으면 신심이 깊고 약속을 잘 지키는 경향이 강하다. 그래서 불교 고승들은 승려 지망생의 사주를 봐서 토가 있으면 "너는 중노릇할 수 있겠구나." 하고 머리를 깎아주곤 했다.

박신언 몬시뇰이 사제 수품을 한 때가 1972년이다. 조갑환이 살아 있을 때였다. 도맥道脈을 이을 것으로 기대했던 외손자가 가톨릭 신부가 되려고 하자 조갑환은 세 번이나 물었다고 한다. "꼭 그 길을 가겠느냐?" 그러나 서양식이기는 하지만 가톨릭도 도 닦는 교단이다. 도가 어디 동쪽에만 있겠는가. 서쪽에도 있다.

박 신부가 어렸을 때의 일화가 참으로 인상적이다. 동네 사람들이 모내기나 추수를 할 때 반드시 조갑환 선생 댁에서 시작을 하면 따라서 했다는 것이다. 모내기와 추수는 타이밍이다. 주식, 정치, 연애 등 거의 모든 세상사가 타이밍으로 판가름 난다. 마을에서 모내기와 추수라는 중대사의 타이밍을 잡는 이가 조갑환이었다. 동네 사람들은 이 양반의 움직임을 지켜보다가 그가 나서면 그 뒤를 따랐다. 그 밑바탕에는 신뢰와 존경이 있다. '조 선생님이 하면 그게 맞다'는 무한 신뢰다. 신뢰란 하루아침에 생겨나는 것이 아니다. 오랫동안 쌓여야만 한다. 여러 해 동안 조갑환이 하는 것을 관찰한 결과이기도 하다. 이런 양반이 전라도 화순에서 조용히 살다가 갔다. 내가 보기에 신종교를 하나 열어도 될 만한 인물이었는데, 초야에서 자신의 본래면목을 알아보지도 못하는 장삼이사들과 어울려 살다가 갔다. 어쩌면 가장 도사다운 인생이었는지도 모른다.

한국 전쟁을 예언한 조갑환의 대처

예언은 대·중·소의 범주로 나눌 수 있다. 대大예언은 패러다임의 변화다. 후천 개벽이나 한국이 어변성룡魚變成龍·물고기가 변하여 용이 된다는 말로, 곤궁한 처지에 있던 이가 부귀해진다는 뜻이다한다는 구한말 계룡산파의 예언이 여기에 속한다. 소小예언은 개인의 운세다. 그렇다면 중中예언은 무엇인가? 전쟁과 난리, 흉년, 전염병과 같은 사건을 내다본다.

1950년 봄, 하루는 조갑환이 집안의 머슴들을 모아놓고 이렇게 말했다. "앞으로 3개월 동안 공산 치하가 된다. 그러나 곧 지나간다. 동요하지 말고 가만히 있어라!"

그로부터 한두 달 지나서 6·25가 터졌다. 인민군이 화순까지 내려왔다. 인민재판이 열렸다. 대상자로 조갑환이 끌려왔다. 인민군이 닥치더라도 3개월 동안 가만히 있으면 지나간다는 이야기가 인민군 책임자의 귀에 들어간 것이다. 머슴들이 일러바친 것이었다. 난리가 나면 이런 사람이 생겨나기 마련이다. 이들은 심지어 없는 말도 만들어낸다.

조갑환이 인민재판에 끌려간 또 하나의 이유는 그가 지주 계급에 속했기 때문이다. 전답이 많으니 인문군은 조갑환을 양반 착취 계급으로 낙인찍었다. 밧줄에 몸이 묶인 조갑환이 인민군 앞에 섰다. 이때 조갑환의 나이 환갑이었다. 인민재판 대상이 된다는 것은 죽창에 맞거나 총살형에 처해진다는 사실을 의미했다.

인민군 장교가 다그쳤다. "당신 반동분자야!" 그 말에 조갑환은 장교를 똑바로 응시하며 말했다. "내가 왜 반동분자인가? 남쪽의 이승만 정권도 나를 이렇게 묶지는 않았다. 그런데 인민을 해방한다는 북쪽의 김일성 정권은 나를 핍박하고 있다. 나는 당신네

김일성 정권에 반대할 수밖에 없다." 인민재판 대상이 되면 누구나 목숨을 구걸하고 '김일성 장군 만세'를 외치며 비위를 맞추려 했다. 인민군 장교는 당황스러우면서도 한편으로는 놀랐을 것이다.

사람에게는 특유의 기운이라는 것이 있다. 옳은 신념을 가진 사람은 오라aura·인체나 물체가 주위에 발산한다고 하는 신령스러운 기운를 내뿜는다. 이런 현상은 논리 이전의 문제다. 척 보는 순간 오라가 느껴지는 사람이 있다.

어릴 때 교과서와 책을 통해 위인으로 자주 등장했던 헬렌 켈러Helen Adams Keller·1880~1968·농아이자 맹아였으나 신체적 장애를 극복하고 교육과 사회 복지 사업에 공헌했다를 기억할 것이다. 그녀는 보지도, 듣지도 못한 대신 특이한 능력을 갖고 있었다. 누군가 자신에게 다가오면 그 사람이 선한 사람인지, 악한 사람인지 단박에 알아차렸다고 한다. 인민군 장교도 조갑환이 내뿜는 기운을 느꼈던 듯하다. 인민군 장교가 무지막지하기만 한 사람은 아니었던 듯 그는 조갑환을 풀어주었다.

한편으로는 동네 주민들의 평판이 작용했을 것이다. 조갑환은 부자였지만 동네 사람들은 그를 존경했다. 조갑환의 호가 덕헌德軒이라는 점에서도 알 수 있듯, 선비가 갖추어야 할 최고의 요소를 덕德이라고 여겼다. 이웃들에게 항상 잘했고, 손님 접대도 후했다. 몸가짐도 항상 단정했다. 그런 평판이 인민재판에도 반영되었을 것이다.

전쟁 가운데 내전內戰이 가장 참혹한 이유는 적이 구체적인 존재이기 때문이다. 그저 이름 모르는 다른 나라의 병사가 아니라 이웃이 적이 될 때는 개인감정이 작용한다. 난리가 나서 혼란한 상황에 빠질 때도 그동안 쌓였던 개인감정을 처리하려 저마다 악독해진다. 하지만 개인감정과 법 위에 평판이 있다. 평소에 덕을 쌓아야 하는 이유다.

덕헌을 살린 또 하나의 이유를 나는 신장神將이라고 본다. 신장은 정신세계의 에너지다. 덕헌 주변을 신장들이 둘러싸고 있었을 것이다. 이상하게도 도와주고 싶은 사람이 있다. 무슨 짓을 해도 밉지가 않고 끌린다. 이 역시 신장의 영향력이다. 특히 절체절명의 순간에 신장이 움직인다. 살수殺手를 피해가게 만드는 염력을 투사한다. 하여간 이렇게 해서 조갑환은 위기를 넘겼다.

1962년의 일이다. 새롭게 당선된 국회의원이 지역민으로부터 덕망이 높은 조갑환을 찾아왔다. "어르신, 제가 이번에 새로 의원이 되었습니다. 뭐 도와드릴 것이 없습니까?" 조갑환이 말했다. "저수지를 하나 만드시게. 앞으로 2~3년 있다가 큰 가뭄이 드네. 그때 저수지가 아주 요긴할 것이네." 국회의원이 나서서 저수지 축조에 들어갔다. 그러자 저수지를 만들면서 수몰되는 지역의 주민들이 거세게 저항했다. 식칼을 들고 찾아오는 사람이 있는가 하

전라남도 화순의 서성제와 환산정. 서성제는 1962년 착공하여 1967년에 완공한 인공 저수지다. 저수지가 만들어지면서 호수 위의 섬이 된 곳에 환산정이 있다. 환산정은 1637년에 지었으나, 이후 퇴락한 것을 2010년에 복원하였다. 환산정의 풍경은 화순 11경 중의 하나로, 주민과 관광객의 사랑을 받고 있다.

면, 그의 집에다 오줌을 뿌리는 사람도 있었다. 조갑환은 묵묵히 견뎠다.

 갖은 곤욕을 치르면서도 저수지가 완공되었다. 그리고 1967년과 1968년 두 해에 걸쳐 심각한 가뭄이 발생했다. 다른 지역은 굶어 죽는 사람이 나올 지경이었는데, 화순은 피해가 적었다. 이 저수지 이름이 서성제다. 화순에서 제일 큰 저수지라고 한다. 이후로도 물 부족 사태가 여러 번 일어났지만, 화순은 서성제 덕분에 비교적 편하게 위기를 넘길 수 있었다. 오늘날 이 서성제는 화순의 관광 자원으로도 활용되고 있다.

조갑환의 미래 예측이 여러 사람을 살렸다. '성통공완性通功完'의 사례다. 내면의 심성 공부를 끝낸 뒤 혼자만 잘사는 게 아니라 공동체를 위해 덕을 쌓는다는 의미다. 도인의 인생은 성통공완이어야 한다.

풍수지리	지령이 인간의 운명에 영향을 미친다
땅이 가진 기운	프랑스 루르드에 있는 치유의 샘물
도사들이 숨겨놓은 땅	난리를 피하고 목숨을 부지하는 땅, 십승지
조상 묘	누가 묏자리를 함부로 쓰는가!

Chapter 2

명당과 풍수지리설

1 풍수지리

지령이 인간의 운명에 영향을 미친다

: 명당의 조건

풍수지리는 생존을 위한 방편이었다

풍수風水 또는 풍수지리설風水地理說은 집을 비롯한 건물과 무덤의 위치, 방위에 따라 그곳에 머무르는 사람과 후손이 화禍를 입거나 복福을 누릴 수 있다는 사상을 일컫는다.

풍수가 체계화된 때는 중국 전국 시대戰國時代·기원전 403~기원전 221 말기이지만, 그보다 훨씬 오래전부터 인류가 삶의 터전을 마련하며 주거의 위치와 방향에 신중을 기했을 것이라는 사실은 어렵지 않게 추정할 수 있다. 왜냐하면 야생의 먹이 피라미드에서 중위에 위치했던 초기의 인류는 맹수의 공격에 대비하고 식수를 쉽게 얻을 수 있는 곳을 머물기에 적합한 땅으로 여겼을 것이기 때문이다. 풍수는 '장풍득수藏風得水'의 준말이다. '바람은 막고 물은 얻는다'는 뜻. 오늘날 대체로 미신으로 치부되는 풍수지리 사상에는 사실 생존을 위한 인류의 오래고 처절한 노력이 담겨 있는 셈이다.

풍수지리설이 중국 전국 시대 말기에 이론적 토대가 마련된 일도 생존과 무관하지 않다. 춘추 시대春秋時代·기원전 770~기원전 403와 전국 시대라는 혼란기를 지나며 사람들은 목숨을 부지하는 데 조금이라도 도움이 될 만한 비보裨補·모자란 것을 도와서 채움로서 풍수라는 개념을 중시하게 된 것이다.

드러내놓고 풍수지리설을 따랐다고 말하지는 않지만, 오늘날 웬만한 기업들은 사옥이나 공장을 지을 때 지관과 풍수지리 전문가의 조언을 참고한다. 회사명을 밝히기 어려운 한 대기업은 청계천변에 본사 사옥을 올리면서 신령스러운 거북이 물을 마시는 모양의 '영구음수형靈龜飮水形' 터에 자리를 잡았다. 실제로 이 빌딩은 건물의 네 귀퉁이에 거북의 발이라고 추정되는 장치를 했을 뿐 아니라 거북의 머리로 보이는 조형물까지 교묘하게 설치해놓았다. 건물 전체가 거북의 등 위에 올라탄 형국이라 할 수 있다. 또 다른 대기업은 파주에 대규모 공장을 새로 지으면서 지맥을 건드리고 환경을 파괴한 일로 인한 재앙을 막기 위해 땅의 영령에게 용서와

양해를 구하는 위지령비慰地靈碑를 건립했다. 이런 일을 두고 아둔하게 미신을 따랐다고 말할 수 있을까? 어느 누구도 집을 짓거나 건물을 올리면서 주변 풍광과의 조화와 방위, 땅의 내력을 염두에 두지 않을 수는 없을 것이다.

지리가 역사를 만든다

영남과 호남의 가장 큰 차이는 '들판'이다. 호남에는 넓은 들판이 많고, 영남에는 들판이 적다. 전남 장성에서부터 시작해 정읍과 익산을 거쳐 충남 논산에 이르는 100킬로미터 구간이 거의 들판으로 이어져 있다. 중간중간에 야산들이 산재해 있지만 거의 평지라 할 수 있다. 반면에 영남의 유림 여론을 좌우했던 퇴계학파가 집중된 경북 지역은 거의 산간이다. 경북 안동 일대만 하더라도 산이 높지는 않으나 산악 지역이라고 봐야 한다. 논밭이 없다. 첩첩산중에 가깝다. 호남의 들판을 보고 자란 내가 안동의 고택을 방문할 때마다 '이 동네 사람들은 도체체 무얼 먹고 살았단 말인가?' 하는 의문이 머릿속에 파고든다.

경북 지역에서 자란 60~70대 노인들로부터 "논 열다섯 마지기만 있으면 동네에서 중산층에 들어갔다."는 이야기를 듣고는 했다. 논 15마지기면 일가족이 굶주림을 면하고 그런대로 자급자족하며 생활할 수 있는 살림 규모다. 그러니까 경북 지역에서는 15마지기 이하의 생활 규모로 산 사람이 많았다는 이야기다. 쌀이 부족하다 보니 굶는 게 일상이었다.

경북의 양반 집안 고택 주변에는 참나무와 떡갈나무가 많이 자라고 있다. 열매인 도토리를 얻기 위해서다. 도토리에 보릿가루를 풀어서 죽을 쑤면 굶어 죽는 일은 면할 수 있다. 경상도 전통 음식인 묵밥이 유래한 이유다. 소설가 이문열의 고향인 경북 영양군 석보면으로 들어서는 언덕 입구의 바위에 '樂飢臺낙기대'라는 한자가 새겨져 있다. '배고픔을 즐기는 언덕'이라는 뜻이다.

영남은 농토가 적어서 거의 자작농이었다. 농사일을 돕던 노비가 도망가더라도 이를 추적하지 않는 경우가 많았다. '입이 하나 줄었구나. 주인과 노비 둘 다 굶는 판이니 너라도 도망가서 입에 풀칠이라도 하고 살아라'라는 심정이었다. 쌀밥에 고깃국은 제사 때나 먹을 수 있는 대단한 특식이었다. '헛제삿밥제사를 안 지내고도 제사 음식처럼 차려 먹는 밥. 주로 깨소금과 간장 따위를 비벼서 먹는다'이 등장한 배경에는 쌀밥에 고깃국이 있는 제삿밥을 먹고 싶은 소망이 깔려 있다.

반면에 호남에는 대지주가 많았다. 상당수가 부재지주不在地主·그 지역에 살지 않으면서 땅을 임대해주고 거기에서 나는 소득의 일부를 챙기는 지주였고, 한양의 고관대작과 특권층이었다. 그러다 보니 넓은 농토를 관리해줄 중간 관리자가 필요했다. 마름이다. 이 마름이 소작농을 관리했다. 소작 기간을 연장할지 안 할지, 가을 추수 때 지주에게 소작료로 얼마를 지불할지 이들이 결정했다. 지주에게 바치는 소작료 외에 이 중간 계층이 먹어야 할 이문이 추가되어 소작농들을 괴롭혔다. 중간 관리자인 마름들이 실질적인 권한을 행사했던 것이다. 영남에서 만석꾼 소리를 들은 인동 장씨 집안 후손에게 들어보니, 마름이 70명 정도 있었다고 한다. 대지주가 더 많았던 호남에서는 마름의 숫자가 엄청났을 것이고 자기들끼리 세력을 형성했을 것이다.

    동학 농민 혁명이나 한국 전쟁과 같은 변혁기에 이들 중간 관리 계층은 민초와 소작농들의 집중적인 공격을 받았다. 평소 인심을 잃은 대지주와 마름들을 향한 원망이 일시에 터졌기 때문이다. 호남이 근현대사에 일어난 비극적인 사건의 주된 무대가 된 데에는 이런 이유가 있다. 영남은 농토의 구조상 지주와 소작농의 갈등이 적었다. 드넓은 들판과 평야를 가진 호남은 풍요의 땅이었으나, 그런 만큼 해묵은 계급 갈등이 켜켜이 쌓인 지역이기도 했다. 땅과 풍토가 역사의 물줄기를 결정한 사례라 할 수 있다.

명당을 만드는 지리·문화적 조건

'호남 3대 명촌' 하면 전남 영암의 구림 마을, 나주 금성산 아래의 금안동 그리고 전북 정읍시 칠보면의 원촌 마을을 꼽는다. 이 가운데 원촌 마을은 특히 풍수가 뛰어나기로 유명하다. 풍수가 좋다는 것은 자연 환경적으로 사람이 살기 좋을 뿐 아니라 물산物産이 어느 정도 받쳐주고 지령地靈이 강하며 인물이 배출되었다는 의미를 내포한다.

명당의 조건 가운데 하나로 물이 좋아야 한다. 또한 물이 어느 방향에서 흘러와 동네를 어떻게 감아 도는지가 중요하다. 원촌 마을의 주거지 앞으로는 필수泌水라고 부르는 작은 실개천이 감아 돈다. 내당수內堂水·명당 터의 안에서 흐르는 물에 해당한다. 동네 사람들은 여기서 빨래하고 더울 때는 등목도 하며 화재 때는 이 물을 소방용수로 사용한다. 마을 바깥으로는 고운천孤雲川이 감아 흐른다. 수량이 많은 냇물이다. 물이 두 겹으로 마을을 감싸고 흐르는 것이다. 풍수에서는 물이 있어야 땅의 지기가 빠지지 않는다고 본다. 물이 감아 돌지 않으면 마을의 재물이 쉽게 빠져나간다. 더군다나 원촌 마을은 물이 흐르는 방향이 서출동류西出東流다. 서쪽에서 출발하여 동쪽으로 흘러가는 물은 '똥물도 약이 될 만큼' 좋은 물로 여긴다.

명당이 갖추어야 할 또 하나의 조건은 산세山勢다. 원촌 마을을 예로 들자면 마을 앞으로 안산案山·풍수지리에서 집터나 묏자리 맞은편에 있는 산이 첩첩이다. 시산詩山을 선두로 용태봉, 화경산, 장군봉, 옥촉봉 등이 병풍처럼 둘러쳐 있다. 그중에 옥촉봉은 내가 보기에 문필봉文筆峰이다. 문필봉이란 붓끝처럼 뾰족한 모양을 한 산봉우리를 일컫는데, 문필봉이 바라보이는 땅에서는 문장가나 문필가가 많이 배출된다고 한다. 안산이 너무 높으면 동네를 누르기 때문에 답답하고, 너무 낮으면 힘이 없다. 눈높이가 적당하다. 원촌 마을이 딱 그렇다.

명당의 또 다른 조건이 먹고사는 문제를 해결해주어야 한다는 것이다. 원촌 마을은 산이 첩첩, 물도 첩첩인 데다가 마을 앞으로 논밭이 넓다. 주민들이 땅에 기대어 살아가기에 풍족하다.

조선 초기의 인물인 「상춘곡賞春曲」의 저자 정극인1401~1481은 유배가 풀리자 중년부터 처가 동네인 이곳 원촌 마을에 들어와 살았다. 필수 앞에 송죽을 심고 꽃을 키우며 후학을 가르쳤다. 이후로 몇 번 벼슬길에 올랐지만, 임기가 끝나면 항상 원촌 마을로 돌아왔다. 이런 과정에서 탄생한 노래가 「상춘곡」이다.

작은 초가집을 푸른 시냇물 앞에 두고, 소나무와 대나무가 울창한 속에서 자연의 주인이 되어 살고 있노라. 겨울이 가고 새봄이 돌아오니 복숭아꽃과 살구꽃은 석양 속에 피어나고, 푸른 버드나무와 향기로운 풀은 가랑비 속에 푸르구나. (…) 수풀에서 우는 새는 봄기운을 끝내 못 이겨 소리마다 교태로다. (…) 사립문 앞을 걸어도 보고 장자 위에 앉아도 보고, 천천히 거닐며 시를 나직이 읊조리니, 산속의 하루가 적적한데 한가로움 속에서 느끼는 참다운 맛을 알 사람 없이 나 혼자로구나. 여보게, 이웃사람들아, 산수 구경 가자꾸나. 풀 밟기는 오늘 하고 개울에 멱 감기는 내일 하세. 아침에 산나물 캐고, 저녁에 낚시하세.

이런 곳이 무릉도원 아니겠는가. 정극인이 학생들을 가르치던 서당 터에 지금은 무성서원武城書院이 자리 잡고 있다. 구한말에 대마도에 가서 굶어 죽은 면암 최익현1833~1906이 바로 이 무성서원에서 의병을 모아 출발했다. 포천 사람인 최익현이 왜 전라도의 무성서원에서 의병을 시작했을까? 그만큼 이 동네에 선비정신이 켜켜이 축적되었기 때문이다. 한편으로는 물자와 인원 동원이 가능했기 때문이기도 했다.

지금까지 명당의 조건으로 물과 산세, 물자를 들었다. 사실 이 조건들은 지극히 현실적인 관점에서 바라본 것이다. 진짜 풍수 도사들은 이외에 땅의 생김새와 그에 따른 기의 흐름, 인간과 공간의 조응照應 등 눈으로 확인하기 힘든, 초감각만이 알아차릴 수 있는

원촌 마을이 있는 전북 정읍 칠보면에 위치한 무성서원. 신라의 학자 최치원을 추모하기 위해 고려 시대의 유림들이 세운 태산사(泰山祠)에서 출발했다. 이후 조선 시대 들어 1615년에 지역 선비들이 태산사 자리에 태산서원을 건립했고, 1696년 숙종의 사액을 받아 무성서원으로 이름을 고쳤다. 2019년 유네스코 세계 문화유산으로 지정되었다.

여러 가지 요소를 대입해서 명당을 가린다. 애석하게도 나는 풍수 도사가 아니기에 들은풍월을 옮길 수밖에 없다. 게다가 변변치 않은 지식을 여기에 옮긴다 해도 독자들이 제대로 이해할 만큼 설명할 자신도 없다. 그럼에도 명당을 가름하는 한 가지 요소만큼은 더 거론하고 싶다. 그 요소란 바로 '사람'이다.

명당의 마지막 조건은 공덕이다

시간時間과 공간空間과 인간人間. 사람의 인생은 이 3가지 사이[間]를 헤매고 다니다가 마치게 된다. 풍수의 관점에서는 공간이 가장 중요하다. 공간을 바꾸면 시간이 바뀔 수 있고, 만나는 인간이 바뀔 수 있다. 이처럼 운을 바꾸기 위해서는 공간이 그만큼 중요하다. 공간의 효능을 누리기 위해서는 나에게 맞는 명당으로 들어가야 한다.

명당에 살면 어떤 점이 좋은가? 우선 몸의 컨디션이 쾌적해진다. 잠을 잘 자기 때문이다. 숙면이 안 되는 터는 명당이 아니다. 숙면을 잘해서 컨디션이 좋아지면 사람을 대할 때 너그러워져서 대인관계가 원만해진다. 결과적으로 사업도 잘 된다. 명당에 머무르면 결정적인 순간에 꿈의 계시를 받아 문제를 해결하기도 한다. 나는 이런 현상을 숱하게 목격했고 직접 경험하기도 했다.

우리나라의 산업 분야 가운데 글로벌 시장에서 선두를 달리고 있는 종목이 화장품이다. 한국을 방문한 외국인 여성 관광객들은 마치 성지 순례하듯 반드시 화장품 매장으로 향한다. 얼마 전 이 글로벌 화장품 회사로부터 강연 요청을 받고 충남 공주시 유구읍에 위치한 그 회사의 연수원을 방문했다. 유구는 충청도이면서도 풍광이 강원도 느낌이 난다. 산들이 밀집해 있어서 산골과 계곡이 깊다. 특히 유구에서 마곡사에 이르는 산세는 구불구불하고 그윽하다. 이 지역을 가리켜 '유마지간維麻之間'이라고 부르는데, 예부터 난리가 났을 때 목숨을 보전할 수 있는 피난처로 유명했다.

연수원에 도착해서 건물이 자리 잡은 산세를 살펴보니 범상치 않았다. 금계포란金鷄胞卵의 명당 중의 명당이었다. '황금 닭이 알을 품고 있는' 모양의 땅으로, 예부터 풍수가들은 이런 형태의 땅을 살기 좋고 자손이 번성하는 길지吉地로 여겼다.

"삼성도 아닌데, 어떻게 이런 터를 구했습니까?"

나의 질문에 회장은 제대로 답을 하지 않다가 여러 번 캐묻고 나서야 솔직하게 털어놓았다.

"장모님으로부터 물려받았습니다."

"이 터에 들어와서 재미 좀 보셨습니까?"

"보았지요. 크게 보았지요."

회장의 장모 맹순례1922~2014는 땅을 보는 안목을 갖추었던 것 같다. 하지만 땅을 알아보는 안목이 있다고 해서 반드시 명당과 인연을 맺을 수 있는 것은 아니다. 어떤 조건을 갖추어야 하는가? 맹순례의 삶에 답이 있다. 안목과 적선積善이 결합해야 명당을 얻는다는 풍수가風水家의 법칙을 그녀를 통해 확인할 수 있다. 안목은 있는데 주변에 베푼 공덕이 없으면 발복發福이 안 된다는 사실을 알아야 한다.

충남 아산에 많이 살았던 신창 맹씨는 뼈대 있는 집안이었다. 맹씨행단孟氏杏壇·맹씨 집안의 제단으로 유명한 맹사성1360~1438·조선 전기의 재상으로, 황희 정승과 함께 청렴결백의 표상으로 여겨지는 인물의 고택도 아산의 설화산 자락에 있다.

부자로 살았던 맹순례 여사는 마을의 굶주리는 사람들을 위해 소 한 마리를 잡는가 하면, 김장철에는 주변 어려운 사람들에게 김치를 나누어주는 등의 인심을 베풀었다. 아들이 다니는 학교에 갔다가 갱지가 없어서 시험을 못 보는 아이들이 있다는 이야기를 들었을 때는 갱지를 뭉텅이로 사서 학교에 보냈다. 무엇을 하든 손이 컸다. 동네 사람들의 절대적인 신뢰를 얻었다. 주변 사람들이 여유 자금이 생기면 은행으로 가지 않고 맹 여사에게 가지고 와서 맡겼다. 그러면 돈을 불려서 돌려주었다. 그녀가 어떤 물건을 사놓으면 희한하게도 그 값이 올랐다고 한다.

대전에서 건물을 올릴 때의 일이다. 적산가옥을 허물고 새로 건물을 지으려고 하는데 터가 세서 인부들이 두려움에 떨며 작업을 거부했다. 이때 맹 여사가 닷새 동안 그 집에 머무르면서 샷된 기운을 털어버린 일도 있었다.

아무리 터가 좋아도 소유주의 공덕이 결합하지 않으면 그 터는 역할을 못한다. 악업을 쌓은 자가 좋은 땅을 욕심낸들 아무 소용이 없다. 땅 못지않게 사람의 기운이 중요한데, 공덕을 쌓지 않고 인색하게 살았거나 타인을 해하며 재물과 명예를 얻은 자는 그 안 좋은 기운이 명당의 복을 막아버린다.

명당과 길지는 인간의 힘을 통하지 않고 자연 속에서 스스로 탄생해 존재해왔다. 다만 그 기운을 얻거나 빌려 쓰고자 한다면 적합한 적선을 베풀어야 한다. 그것이 명당을 판가름하는 마지막 퍼즐이다.

땅이 가진 기운

프랑스 루르드에 있는 치유의 샘물

: 서양인들이 알아본 풍수

노스트라다무스의 고향 마을과 알피유산의 봉우리

내가 강호를 돌아다니는 목적 가운데 가장 큰 비중을 차지하는 것이 '땅'이다. 강호동양학이 품고 있는 많은 부분이 사실상 눈으로 확인하기 힘든 형이하학의 영역에 속해 있다. 그나마 풍수는 지형지세를 내 눈으로 볼 수 있고 그 내력을 간접적으로나마 체험할 수 있기에 풍수의 실체를 확인하기 위한 발품을 아끼지 않는다. 그리고 내가 풍수에서 핵심으로 치는 주제는 '인걸人傑은 지령地靈이다'라는 명제다. '위대한 인물은 땅의 영험한 기운을 받아 태어난다'는 뜻이다.

1666년 네덜란드 암스테르담에서 출간한 노스트라다무스의 저서 『예언집』의 속표지. 프랑스의 의사이자 천문학자, 예언가였던 노스트라다무스는 당대의 프랑스 왕 앙리 2세의 죽음을 예견하면서 예언가로서 주목받기 시작했다. 하지만 예언가 이전에 흑사병에 맞서 싸운 의학자로서 크게 활약했다. 그는 프랑스혁명, 히틀러의 출현, 제2차 세계 대전, 인류의 달 착륙, 9·11 테러 등의 굵직한 역사적 사건들을 자신의 책 『예언집(Les Propheties)』에 남겨 오늘날까지도 인류 역사상 가장 뛰어난 예언가로 평가받고 있다.

과연 지령이라는 것이 실재할까? 지령은 눈에 보이지 않기 때문에 그 영향력을 입증하기까지는 수백 년의 사례가 쌓여야만 한다. 한 지역에서 특출한 인물이 지속적으로 출현한다면 인물과 땅의 관계에 어떤 개연성을 타진할 수 있는 것이다. 그렇다면 풍수지리설에 관한 이론과 믿음이 체계화되지 않은 다른 대륙에서는 어떨까? 우리와 문화적으로 많이 이질적인 유럽에서도 '인걸은 지령이다'라는 공식이 적용될 수 있을까? 그래야만 풍수가 보편성을 확보한다.

첫째로 관심이 가는 인물이 예언이라는 영역에서 독보적인 위치를 확보하고 있는 노스트라다무스1503~1566였다. 그래서 유럽 여행길에 그의 고향인 프랑스 남부 프로방스 지방의 생레미

ST. Remy라는 지방 도시로 향했다.

주차되어 있는 차종이나 가게에 진열된 물건, 사람들의 옷차림새로 보아 제법 돈이 있는 동네라는 인상을 주었다. 특히 60~70대의 백발노인들이 입은 화려한 색깔의 옷에서 자유로운 느낌을 받았다.

공용 주차장에 차를 대고 남쪽을 바라보니까 10리쯤 거리의 바위산 봉우리가 눈에 확 들어왔다. 모양이 특이하다. 왕관 같기도 하고 독수리가 하늘로 날아오르는 모습 같기도 했다. 풍수에는 물형론物形論이라는 개념이 있다. 땅의 모양이나 산봉우리가 아무렇게나 생기지 않고 동물이나 물건을 닮으면 그 생긴 모양대로 주변 마을의 사람에게 영향을 미친다는 생각이다. 내가 본 바위산의 이름이 알피유Alpilles였다. 알피유의 독수리 봉우리. 나는 이 봉우리에 내 나름 이름을 지어보았다. 영취웅비靈鷲雄飛. 신령한 독수리가 힘차게 날아오르는 형국.

노스트라다무스의 생가는 주차장에서 100여 미터 떨어진 성당 옆 골목길에 있었는데, 그 위치가 알피유산 영취웅비의 에너지를 받는 지점이었다. 성당을 지은 가톨릭의 영적 고단자들도 그 기운을 느꼈기에 그곳에 터를 잡았을 것으로 짐작된다.

생가의 안내문에는 노스트라다무스가 어릴 때부터 알피유산 그리는 것을 좋아했다고 적혀 있다. 간략한 집안 내력을 보니, 역시 그의 외증조부가 대단한 의사이자 마을의 보물 같은 존재였다. 역병 치료에 탁월한 의사이자 예언가였던 노스트라다무스는 외증조부의 유전자를 물려받은 것으로 보인다.

생레미와 관련한 또 한 명의 인물이 있다. 빈센트 반 고흐 1853~1890다. 그가 1년 남짓 입원해 있으면서 많은 명작을 그린 정신병원이 영취웅비 바로 밑에 자리 잡고 있다. 그 정신병원은 원래 중세에 지은 수도원이었다고 한다.

프랑스 루르드 성지에 거북이가 있다

여행은 공간을 바꾸는 일이다. 그럼으로써 시간이 바뀌고 인간도 바뀌며, 새로운 공간에서 에너지를 얻을 수 있다. 여행 중에서도 성지 순례가 압권이다. 성지聖地에서 솟아나는 에너지가 순례자에게 새로운 삶의 의욕을 주기 때문이다.

유럽의 유서 깊은 교회나 수도원을 방문하면서 놀란 사실은 그곳들이 한국식 풍수적 원리가 너무나 잘 구현된 곳에 자리 잡고 있다는 점이다. 가톨릭 성지들은 거의 모두 '명당'에 자리 잡고 있다. 한국의 기도발 잘 받는 절터나 암자 터의 터 잡기 원리와 구조가 똑같다. 문화와 사상의 전개 과정이 달랐던 양쪽 문명의 터

잡기 방식이 어떻게 이처럼 일치할 수 있는가? 사상의 체계와 명칭이 달랐을 뿐 서구에서도 영험한 땅의 조건을 알고 있었다고밖에 생각할 수 없다. 기독교와 토종 신앙이라는 틀과 외형이 다를 뿐이다. 풍수가 시대와 장소를 초월하는 보편적인 삶의 영역임을 다시 한 번 확인한다.

프랑스 남서부, 스페인과의 국경 부근에 위치한 소도시 루르드Lourdes에는 전 세계적으로 유명한 샘물이 있다. 이 샘물은 치병治病의 기적을 일으키는 곳으로 유명하다. 지팡이 짚고 갔다가 지팡이 버리고 온다는 소문이 자자하다. 가톨릭의 로마 교황청에서 공식적으로 인정한 성지다. 1858년 베르나데트라는 열네 살 소녀가 열여덟 번에 걸쳐 성모 마리아를 목격하면서 이름이 나기 시작했다. 세계 3대 성모 발현 성지 중의 하나다나머지 두 곳은 포르투갈 파티마와 멕시코 과달루페다. 루르드의 샘물은 가톨릭 신자뿐 아니라 비신자에게도 기적을 베푼다.

나 같은 이교도에게 성모 마리아에 대한 신앙심이 있을 리 만무하지만, 과학적·합리적 시각으로 설명하기 힘든 영적 에너지가 분명히 존재하며, 그것이 인간의 공덕이나 간절함과 조응할 때 어떤 상서로운 현상이 일어날 수 있음을 알기에 루르드 성지가 많은 사람에게 치병의 기적을 일으킨다는 사실을 의심하지 않는다. 그것은 종교를 막론한, 인간의 보편적 믿음과 기원의 영역이다. 나 같

성녀 베르나데트가 발현한 성모 마리아를 만나는 장면을 묘사한 그림(왼쪽)과 루르드의 성모상. 베르나데트와 마리아가 만난 마시비엘 동굴에 샘이 있는데, 이 샘물이 치유의 기적을 일으킨다고 알려져 있다.

은 강호동양학자로서는 루르드 성지가 어떤 터이기에 사람을 살리는 에너지가 발산되는가 하는 문제를 풍수적 관점에서 해석하는 것이 관심사이고 역할이다.

한마디로 루르드 성지는 영구음수의 터다. 신령한 거북이가 물을 마시는 형국. 루르드 성지의 뒷산은 등짝이 둥그스름한 커다란 거북 형상이다. 피레네산맥에서 북쪽으로 100여 리 남짓 구불구불 흘러 내려온 지맥이 가브드포강Gave de Pau R. 앞에서 멈춘다. 강물은 유턴하듯이 거북이 머리를 감싸고 흘러간다. 내 눈에는 이

거북이 맑고 시원한 벽계수碧溪水를 꿀꺽꿀꺽 마시고 있는 모습이 보인다. 피레네산맥에서 내려온 맑고 풍부한 강물이 수만 명의 환자가 품고 온 탁기濁氣와 병기病氣를 싹 청소해주는 상황이었다. 신령한 거북의 입에 해당하는 지점에 마사비엘이라고 하는 동굴이 있다. 이 바위 동굴에서 나오는 샘물이 영험해서 수많은 순례자가 물을 마시려고 한다. 이 터를 흰색의 에너지가 자기장처럼 감싸고 있다.

터의 에너지가 고차원적이고 고급스러우면 흰색으로 나타난다. 어린 소녀 베르나데트가 만난 성모 마리아의 흰색 옷이 이와 관련 있지는 않을까.

고래 젖을 먹기 위해 몰려드는 욕망의 집결지, 몬테카를로 카지노

모나코의 몬테카를로 카지노Monte Carlo Casino는 자본주의의 상징이다. 이곳에는 재색명리財色名利가 총집결해 있다. 돈이 떠다니고, 고가품을 휘감은 여인들이 들락날락하고, 축구 선수를 비롯한 명사들이 즐기러 온다. 인간사 모든 욕망이 집결되어 있다.

건물은 그리 크지 않아서 아담한 느낌을 주는 석조 궁궐 양식이다. 파리 오페라하우스를 지은 당대 최고의 건축가 샤를 가르니에1825~1898가 설계하여 1863년에 완공했다. 건물이 예쁘고 주변 풍광이 멋져서 〈007〉 같은 영화에서도 호사스러운 장소로 자주 등장한다. 몬테카를로 카지노 반경 300미터 이내에는 세계적인 명품 가게들이 포진해 있다.

유럽 주색잡기의 중심부에 갔지만 나는 돈이 없었다. 카지노에는 아예 들어가보지도 못하고 그 옆 오래된 건물인 호텔 파리의 1층 카페에 갔다. 그곳 실내에서도 돈 냄새가 물씬 풍겼다. 젊은 여인들이 나이든 남자와 같이 차 마시는 풍경이 심심찮게 보인다. 15유로한화 약 2만 5,000원 주고 얼그레이 한 잔 시켜놓고 주변 풍광을 살펴보았다. 어떻게 이 터에 돈이 모이고 사람이 모이는가? 건축가 샤를은 왜 카지노 정문을 낼 때 바다를 향하지 않고 산을 바라보는 방향을 택했는가?

땅덩어리가 작은 소국小國 모나코는 나라 전체가 배산임수 터에 앉아 있다. 북쪽으로는 험한 바위산이 병풍처럼 둘러서 있고, 남쪽으로는 지중해가 푸른색 호수처럼 열려 있다. 몬테카를로 카지노 앞의 고요한 바다는 여수 향일암의 관음전에서 바라보는 남해 같다. 유럽 사람들은 바다를 바라보는 전망을 즐기는데, 이 카지노는 이색적이게도 산을 바라보는 반대 방향으로 문을 냈다.

몬테카를로 카지노의 풍수를 한마디로 요약하면 '백경유포白

鯨乳哺', 즉 '흰 고래가 젖을 먹이는 자리'다. 카지노 정문 바로 앞을 초승달처럼 둘러싸고 있는 산은 높이 600~700미터의 살기 가득한 바위산이다. 색깔은 흰색에 가깝다. 정문에서 볼 때 왼쪽으로 고래 머리가 보인다. 언뜻 보면 사람 얼굴 비슷하다. 오른쪽으로는 고래 꼬리가 길게 늘어져 있다.

고래 젖은 성분이 세다. 다른 짐승이 먹으면 설사와 복통을 일으킨다. 샤를 가르니에가 풍수 전문가였는가? 몬테카를로 카지노는 한때 모나코를 강소국强小國으로 만든 최고의 수입원이었다. 지금도 국영國營으로 운영되고 있다. 애꿎은 돈 잃지 말라고, 자국 국민에게는 출입 금지 구역이다. 반면에 다른 나라의 수많은 졸부가 고래 젖 먹어보려고 카지노에 왔다가 소화를 못한 채 다 털리고 간다. 지금도 흰 고래 젖을 빨고 싶어 하는 숱한 욕망이 몰려들고 있다.

3 도사들이 숨겨놓은 땅

난리를 피하고 목숨을 부지하는 땅, 십승지

: 지형지물이 인간을 살게 하다

왜 유독 이북 출신 사람들이
도참과 풍수에 주목했을까?

1894년 동학 농민 혁명이 일어나기 이전부터 이북 지역의 도사들 사이에서는 '곧 난리가 난다'는 소문이 떠돌았다. 그래서 많은 사람이 『정감록鄭鑑錄』조선 중기 이후 유포된 책으로, 나라와 백성의 앞날에 대한 예언서다에 기록된 십승지지十勝之地·풍수지리에서 난리와 천재가 나도 살 수 있다고 여겨진 열 군데의 땅을 일컫는다. 줄여서 십승지(十勝地)라 한다로 피난을 가야 목숨을 부지할 수 있다고 믿었다. 그 무렵부터 이북 사람들이 주목한 남쪽의 피난지 두 군데가 있었다. 하나가 경북 풍기였고, 나머지가 충남 공주의 유구·마곡 지역'유마지간'이라 한다이었다. 유구·마곡 지역은 앞에서 언급한 화장품 회사의 연수원이 자리 잡고 있는 일대다.

그렇다면 왜 유독 이북 사람들이 피난지에 대하여 예민하게 반응했는가? 이는 조선 시대 들어 인재를 등용함에 있어 서북 지역을 차별한 데에 그 이유가 있다.

『경국대전經國大典』조선 시대의 최고 법전에 보면 중인中人들이 응시했던 잡과雜科에 명과학命課學이라는 과목이 있었다. 명과학의 원래 명칭은 사주 명리학四柱命理學으로, 사주팔자 전문가를 뽑는 과목이었다. 3년마다 2~3명의 적은 인원만 뽑았다. 이를 통해 선발된 이들에게는 명과학겸교수命課學兼敎授라는 종6품 직책이 주어졌다.

명과학겸교수는 왕실 전용이었다. 왕실 인물이 혼사를 할 때 사주와 궁합을 보고 혼인일을 정하거나 궁궐 내 행사의 날짜를 택일하는 업무를 맡았다. 중인 신분이 맡고 직급도 낮아서 별 볼일 없는 자리 같지만 왕실 내부의 일급비밀을 다루는 자리여서 요직要職이라 할 수 있었다. 그들은 여러 명의 왕자 중에 누가 차기 대권을 승계받을 팔자인지 알았다. 또한 왕자와 공주 결혼 상대자의 사주팔자를 심사하고 천거하는 일은 권력의 향배와 아주 밀접한 일이었다. 그래서 궁궐에서 일하던 어의御醫는 퇴직하면 시중에서 개업이 가능했지만, 명과학겸교수는 퇴직해도 민간에서 개업이 불가능했다. 왕실의 비밀을 너무 많이 알고 있기 때문이었다.

조선 시대의 각종 반란 사건에 관한 기록을 보면 이 명과학겸 교수가 관련되어 처벌받은 경우가 흔했다. 어느 왕자에게 줄을 서야 하는가에 대한 일급 정보는 대부분이 이들로부터 누설되었다.

사주 명리학 전문가가 되려면 공부할 것이 많았다. 교과서라고 할 수 있는 서자평중국 당나라가 망한 뒤의 과도기인 오대(五代)와 송대(宋代) 사이에 활동한 사상가. 명리학을 체계화했다. 생몰연대는 알려지지 않았다의 사주 명리학 서적 정도는 거의 통째로 외워야만 했고, 여기에 더해 실전 경험까지 쌓아야 했다.

조선 시대에 이북 지역은 차별을 받아서 고위직 진출이 불가능했다. 이것이 '서북 차별'이다. 고위직에 진출하지 못하니 명리학命理學, 한의학, 풍수지리 분야 등 실용적인 과목으로 인재들이 몰렸다. 조선 시대 이래로 명리학 전문가들은 대부분 이북 출신이었고, 한의학도 마찬가지였다. 이러한 나름의 학풍으로 인해 이북 사람들은 풍수와 도참에 천착하였고, 십승지에 관한 관심도 컸다. 이남 지역에서는 그림으로 보는 구구단 수준의 당사주唐四柱·중국 당나라 때의 사람인 이허중이 체계화한 것으로, 별점으로 운세를 점쳤다가 유행할 때 이북에서는 인수분해 수준의 차원 높은 사주 명리학이 유행했던 것이다.

북한에 공산 정권이 들어선 뒤 명리학 전문가들은 '미신 종사자로 구분되어 숙청 대상이 되었다. 북한을 탈출한 이들이 집결한 장소가 부산의 영도다리 밑이었다. 이로 인해 부산이 한국 역술의 메카가 된 것이다. 한편 경북 풍기와 충남 유구·마곡 지역에 자리 잡은 이북 출신들은 직물업에 종사하며 생계를 이었다. 지금도 풍기 인견은 지방 특산물로 명맥을 이어오고 있다.

십승지는 어디인가?

삼국 시대에는 어땠는지 정확히 모르지만, 우리 민족은 고려 시대 이래로 난리가 났을 때 국가가 백성을 제대로 보호해준 적이 거의 없다. 각자도생各自圖生이 생명을 부지하는 오랜 전통이다. 임진왜란 때 임금은 백성을 팽개치고 평양으로, 다시 의주로 도망쳤다. 마지막에는 압록강을 건너 명나라로 피신하려고 했다. 조정이 사라진 빈자리를 각 지역에서 일어난 의병들이 대신 메웠다. 한국 전쟁 때도 서울 사람들이 피난조차 가지 못하게 한강 다리를 끊어 버렸다. 그러고도 집권층은 라디오를 통해 '국민들은 안심하라'는 거짓 방송을 내보냈다. IMF국제 통화 기금 외환 위기 때는 어땠는가? 정부는 아무런 문제가 없다고 했지만 결국 파탄이 났다. 국민들이 장롱 속에 모셔두었던 금가락지와 아이들 돌 반지까지 꺼내 와서 국난을 극복했다. 혼란이 찾아오면 각자가 알아서 살 방도를 찾아야 한다.

특히 임진왜란과 병자호란을 치른 뒤에 각자도생의 경험이 축적되어 나타난 비결서秘訣書가 바로 『정감록』 같은 풍수도참서다. 그리고 난리가 날 때마다 십승지에 대한 관심이 커졌다.

삼재三災가 닥쳐도 목숨을 부지할 수 있는 열 군데의 땅, 십승지. 삼재는 전쟁, 기근, 역병을 일컫는다. 십승지로 숨어들면 전쟁이 나도 생명을 지킬 수 있고, 사람이 굶어 죽는 대흉년에도 살 수 있으며, 전염병이 창궐해 사람이 부지기수로 죽어나가도 목숨을 건질 수 있다고 보았다. 조선 팔도를 뒤져서 난리통에 목숨을 부지할 수 있는 열 군데를 추린 것이다. 그러니까 십승지는 하루아침에 형성된 게 아니라, 적어도 오백 년 이상 생명을 담보할 수 있는 피난처를 찾아 헤매던 낭인들과 떠돌이 민초, 깊은 수도처를 구하던 승려와 도사들의 현장 경험이 축적된 결과물이라고 보아야 한다.

그렇다면 십승지는 어디인가? 경북 영주 풍기의 금계포란, 경북 봉화의 춘양면, 경북 안동의 화곡, 경남 합천 가야산의 만수동, 강원 영월의 정동 상류, 충북 보은 속리산 아래의 증항 근처, 충북 단양의 영춘, 충남 공주의 유구와 마곡, 전북 부안의 호암, 전북 남원 운봉 지리산 아래의 동점촌, 전북 무주의 무풍 북동쪽 등이다.

이들 십승지는 국가 조사 기관에 의해 공식적으로 지정된 것이 아니라 『정감록』, 『남사고비결南師古秘訣』조선 전기의 학자 남사고가 남긴 예언서. '격암유록(格庵遺錄)'이라고도 한다 등의 도참·예언서에서 주장하는 곳들로 비결서마다 약간씩 들쑥날쑥하다.

지리산 일대에 산재한 청학동 서너 군데도 십승지의 연장선상에 있다. 이곳들은 오히려 십승지보다 훨씬 일찍부터 난세에 몸을 보전하고 도를 닦을 수 있는 명당으로 여겨졌다. 한문 서당이 있는 청학동, 하동 쌍계사 뒷길로 30분 정도 올라가면 나오는 불일평전, 해발 700미터의 고운동, 칠불사 위에 있는 허북대 같은 곳도 청학동 범주에 속한다.

십승지의 조건

십승지의 특징 가운데 하나가 사람이 접근하기 힘든 오지奧地라는 점이다. 외부에서는 눈에 잘 띄지 않는다. 산악 지역이 대부분인 한반도에는 험한 산세로 인해 사람의 발길을 허락하지 않는 곳이 더러 있다. 그런데 살 길을 찾아 방방곡곡을 누린 방랑거사放浪居士들이 무성한 숲을 헤치고 험준한 바위와 고개를 넘어 기어이 찾아낸 곳이 바로 이들 땅이다. 안에 들어서면 바깥과 차단되어 외딴 세상에 온 것 같은 착각이 든다.

십승지가 가진 또 하나의 특징은 자그맣지만 최소한으로 먹고살 방도를 마련해주는 전답이 있다는 점이다. 숨어 살더라도 입에 풀칠은 해야 하기에 식량을 자급자족할 수 있는 환경이어야 한다. 하찮아 보이는 밭뙈기 몇 마지기라도 있는 것이 없는 것보다는 낫다.

십승지는 대개 이런 조건을 갖추고 있다. 이는 한반도의 70퍼센트가 산이라는 지형 조건 때문에 가능하다. 그리고 이 산들이 해발 1,000미터 내외여서 동식물이 살 수 있고 계곡물이 흐르며 숲이 우거져 있다. 물이 없고 동식물이 살 수 없는 산에서는 사람도 살 수 없다.

그리스나 튀르키예, 중동에 가보면 산은 있지만 거의 다 황무지다. 물도 없고 나무도 없다. 여름에 비가 오지 않는 척박한 황무지에서는 십승지가 조성될 수 없다. 산으로 튀어봐야 목숨을 부지할 수 없다.

튀르키예에는 데린쿠유Derinkuyu라는 유적이 있다. 인공적으로 땅을 파내서 개미굴처럼 만든 지하 10층 규모의 지하 도시다. 1만 명 이상이 한꺼번에 거주할 수 있을 만큼 크다. 지대가 물렁물렁한 석회암으로 되어 있어 땅굴 파기 좋은 조건이라 박해받던 초기 기독교인들의 '십승지'가 되었다. 기독교도를 탄압했던 로마군

데린쿠유 지하 도시의 모습. 데린쿠유는 튀르키예어로 '깊은 우물'이라는 뜻이다. 내부에는 교회와 학교 등의 공공장소를 비롯하여 침실과 부엌 등의 개인 살림 공간까지 마련되어 있다. 이 각각의 공간은 내부 통로로 연결되어 있고, 환기구도 설치되어 있다. 또 외부에서 침입했을 때를 대비하여 주요한 통로마다 커다란 바퀴 모양의 돌덩이를 두어 유사시에 입구를 막았다. 정확한 조성 연대는 정확히 밝혀지지 않았으나 튀르키예 정부는 7~8세기경으로 보고 있다.

이 쳐들어올 때, 이슬람 군대가 들이닥쳤을 때 산으로 도망쳐봐야 소용없으니 땅속으로 숨은 것이다. 자연적인 지형지물을 이용했던 한반도의 십승지와는 개념이 다르다.

  자본주의 사회에서는 사람이 모일수록 돈 벌기 좋지만, 전염병이 창궐하면 사람 없는 곳이 좋다. 독재 정권 시절에는 미국의 로스앤젤리스와 뉴욕이 한국인에게 십승지였다. 미세먼지, 황사와 같은 환경 재앙과 과도한 생존 경쟁에 지친 오늘날에는 자연 환경이 뛰어난 호주와 뉴질랜드가 십승지로 떠오르고 있다. 하지만 그렇게 멀리 갈 것이 아니라, 몸과 마음을 쉬고 에너지를 재충전할 나만의 십승지를 만들어두는 것은 어떨까? 나를 살게 하는 곳, 그곳이 십승지다.

4 조상 묘

누가 묏자리를 함부로 쓰는가!

: 조상의 묏자리 덕을 본 사람들

지관은 어떤 존재인가?

지관地官은 새로이 집터나 묏자리를 잡으려는 의뢰인의 의뢰를 받아 땅의 기운을 평가하고 위치와 방향을 잡아주는 일을 한다. 과거에 지관이 되기 위해서는 상당한 공부가 필요했다. 『인자수지人子須知』16세기 중후반 중국 명나라 때 서선계와 서선술이 지은 풍수지리의 고전를 비롯하여 한문으로 된 많은 풍수서를 익혀야 했다. 풍수는 책만 본다고 되지 않는다. 소위 '영발'이라고 하는 신기와 직관력을 갖추어야 한다. 책으로만 공부한 지관은 현장에 가더라도 감을 못 잡는다. 영발이 있어야만 땅의 기운이 보이고 지형지물이 눈에 들어오고 사람과의 궁합도 맞출 수 있다.

　이론과 영발을 갖춘 지관은 함부로 묏자리를 잡아주지 않는다. 돈을 많이 준다고 무작정 묏자리를 잡아주었다가는 신벌神罰을 받기 때문이다. 그렇다면 올바른 지관은 신벌을 피하기 위해 무엇을 해야 하는가?

　먼저 묏자리를 부탁하는 사람이 어떤 일을 하는지 알아봐야 한다. 그 사람이 다른 사람을 착취하거나 타인의 피눈물을 흘리게 했다면 거금을 주며 요청하더라도 거절한다. 악업 쌓은 사람을 좋은 묏자리에 들어가게 하면 지관이 대신 벌을 받는다.

　그래서 지관은 사주와 관상에도 식견이 있어야 한다. 사람 속을 어떻게 알겠는가? 사람을 겪어보기 전에 파악할 수 있는 방법이 사주와 관상이다. 사주를 봐서 팔자가 안 좋거나 인색한 팔자를 타고났다면 묘를 써주어서는 안 된다. 관상도 마찬가지다. 사람은 자기 얼굴대로 살고, 꼴값을 하기 마련이다. 꼴 안 좋은 사람이 선업을 쌓으면 관상이 바뀐다. 하지만 당장 관상이 좋지 않다면 탈락시켜야 한다.

　주변의 평판도 따져야 한다. 평판은 대개 맞다. 의뢰인 윗대의 평판도 참고해야 한다. 부모와 조부모가 어떻게 살았는지 살펴야 하는 것이다. 주변에 덕을 베풀면 사람들 사이에 이야기가 전해진다. '콩 심은 데 콩 나고 팥 심은 데 팥 난다'는 속담은 대체로 적절하다. 왕대밭에 왕대 나고 쑥대밭에 쑥대 난다는 말이 그냥 생겨난 것이 아니다. 생물학적 유전자 못지않게 강력한 것이 환경 유전자다. 인성과 행실도 후대에 유전된다. 왜냐하면 후대가 선대의 행실을 보며 배운 대로 답습하기 때문이다. 그래서 옛 사람들은 윗대의 행실을 참고할 수 있는 족보를 중시했다.

의뢰인과 여행을 하는 것도 좋은 검증 장치다. 명당은 금세 잡히지 않는다. 1~2년가량 산천을 돌아다녀야 한다. 이런 경우 의뢰인과 같이 여행을 해보면 그 사람의 성격과 인품을 알 수 있다. 의뢰인이 돈을 아끼려고 짜장면만 사는지, 설렁탕을 사는지, 한정식을 사는지 살펴본다. 만약 줄곧 짜장면만 대접한다면 묏자리도 짜장면급으로 잡아주게 된다. 인간은 감정의 동물이다. 인색한 사람에게 어찌 몇 천석 부자가 나올 묏자리를 잡아주겠는가. '명당은 3대가 덕을 쌓아야 잡는다'는 옛말은 이런 세세한 과정을 한마디로 압축한 것이다.

관노에서 고위직 관료에 오른 김갑순 이야기

풍수 마니아였던 흥선 대원군은 자신의 아버지인 남연군의 묘를 충남 예산군 덕산면 산자락에 썼다. 기존에 있던 절가야사을

없애고 거기에 남연군 묘를 쓰고 난 뒤에 아들이 왕위에 올랐으니 효험이 있긴 있었다고 봐야 한다. 그런데 이 천하의 명당을 잡아준 지관이 정만인이라는 인물이었다. 흥선 대원군에게는 이판참모理判參謀·'이판'은 원래 불교 용어로 수행에 열중하는 수도승을 일컫는데, 여기서 말하는 이판은 직관이나 계시, 신탁 등을 통해 판단을 내리는 이를 말한다. 반면에 '사판'은 절의 살림살이를 담당하는 승려를 가리키는데, 행정 실무에 능한 관리를 표현하는 말이기도 하다. '이판사판'이라는 말은 이 두 가지 역할을 분담한 세력이 대치하여 어쩔 수 없는 지경에 처한 상황을 표현한 말이다 **역할을 맡았던 백운학 이전에 정만인이 있었던 것이다.**

정만인은 남연군의 묏자리를 소개하며 '2대 천자지지二代天子之地', 즉 '2명의 천자가 나올 땅'이라 말했다고 한다. 실제로 흥선 대원군의 아들인 고종과 손자인 순종이 왕위에 올랐다. 군왕이 나오는 군왕지지를 잡아줄 정도의 실력과 안목을 갖추었으니, 정만인은 보통 인물이 아니었다. 명산대천에서 수십 년간 풍수도참과 여러 가지 도가의 비술을 수련한 도사급이었을 것이다. 대원군이 만만치 않은 인물인데, 그를 설득해서 신뢰를 쌓고 군왕지지를 잡아줄 정도였으니 말이다. 한 가지 미스터리한 일은 지관으로서 이름이 드높았던 그가 마치 지워지듯 깨끗이 종적을 감추었다는 사실이다. 어쩌면 국운이 기울고 난리가 닥칠 미래를 점치고 자신의 안위를 위해 스스로 사라지는 길을 택했는지도 모른다.

흥선 대원군의 아버지인 남연군 이구의 묘다. 충남 예산군 덕산면에 위치하고 있다. 2대에 걸쳐 천자가 나올 명당이라는 말을 듣고 흥선 대원군이 원래 이곳에 있던 가야사라는 절을 불태우고 경기도 연천에 있던 묘를 옮겼다. 1866년 독일인 오페르트 등이 도굴을 시도하다가 실패한 일이 있는데, 이 사건이 흥선 대원군이 실시한 쇄국 정책과 천주교 탄압의 계기가 되었다고 한다.

나라가 흥할 때 부자가 나오지만, 나라가 망해가는 혼란의 시대에도 신흥 부자가 탄생한다. 국운이 융성할 때 등장하는 부자는 '석세스 스토리'로 포장되어 존경을 받지만, 나라가 망할 때 나타나는 부자에게는 치욕의 꼬리표가 따라붙는다. 매국노와 친일파라는 꼬리표다. 돈 버는 일 앞에서는 도덕과 윤리, 민족, 애국 등의 가치가 하등 소용없다는 이치를 보여주는 인물 가운데 한 사람이 김갑순1872~1961이다. 그런데 그에 대해 풍수가에서는 조부의 묏자리가 명당이어서 부자가 되었다는 믿음이 퍼졌고, 근래까지도 그 묏자리가 전국 풍수가들의 사례 연구감이 되기도 했다. 과연 조상의 묏자리 덕을 본 것인지, 아니면 혼란기의 영리한 처세가 그를 부자로 만든 것인지 그의 삶을 들여다보자. 김갑순에 대한 공식적인 기록은 매우 빈약해서 여러 갈래의 구전口傳을 통해 불분명한 이야기가 전해질 뿐이다.

내가 김갑순에 대해서 알게 된 것은 지금으로부터 20여 년 전쯤이다. 서대전역을 지나다가 나이 지긋한 70대 중반의 노인이 옆자리에 앉으면서 우연히 김갑순에 대해서 듣게 되었다. 노인의 아버지가 생전에 김갑순과 교류해서 그에 대한 이야기를 어렸을 때부터 많이 들었다고 했다.

김갑순은 공주 장터 주막집 주모酒母의 아들로 태어났다고 한다. 조선 시대에 국밥과 술을 파는 주모의 아들로 태어났으면 천민賤民에 해당한다. 실제로 그는 관의 심부름을 하는 관노官奴였다. 10대 초반부터 공주 감영에 부임한 목사牧使의 요강을 청소하는 일을 했다.

조선 시대의 고위 관료들은 화장실 들락거리는 일이 귀찮으면 방에 요강을 갖다놓고 용변을 보았다. 그러면 아랫것들이 요강의 똥과 오줌을 수시로 비워내고 씻어두었다. 김갑순은 하루에도 일고여덟 번씩 목사의 방을 오가며 요강 씻는 일을 했는데, 부지런하고 성실하기가 이를 데 없었다. 겨울이 되면 놋쇠 요강을 씻어서 자기 품에 안고 있다가 목사의 방 안에 가져다두는 재치까지 보였다. 목사의 궁둥이가 놋쇠 요강에 닿을 때 차갑지 않도록 하기 위한 배려였다. 히데요시가 노부나가의 말잡이를 할 때 노부나가의 신발을 자기 품 안에 넣어 따뜻하게 했다는 이야기와 비슷하다.

요강 당번이 최하층 천민의 더러운 일이지만, 바꾸어 생각하면 윗사람들과 직접 얼굴을 대면할 수 있는 기회이기도 하다. 특유의 성실함과 일머리로 인정을 받은 김갑순은 공주 감영의 아전衙前이 될 수 있었다. 말단이기는 하지만 천민이 공무원이 된다는 것은 노예가 시민권을 획득한 것이나 마찬가지였다.

김갑순은 녹봉을 받으면 윗사람에게 모두 상납할 만큼 '사회생활'을 잘했다. 자신은 부스러기 부수입으로 생활했다. 아첨에 뇌물까지 보태니 윗사람이 볼 때는 기특할 수밖에 없었다.

이 대목에서 다른 이야기가 전해진다. 김갑순이 투전판에 노름꾼을 잡으러 갔다가 인질로 붙잡혀 있던 젊은 여인을 구해주고 의남매를 맺었는데, 나중에 이 여자가 충청 감사의 소실로 들어가게 되면서 이야기가 잘 되어 아전이 되었다는 설이다. 나름 의협심도 있고 인정도 있었던 모양이다.

김갑순의 인간미를 보여주는 또 다른 이야기가 있다. 어느 날

공주 감영에 허름한 행색의 선비가 목사를 찾아왔으나, 면담을 거절당했다. 선비가 낙담한 채 터벅터벅 돌아서는 것을 보고 불쌍히 여긴 김갑순이 물었다. "돌아갈 노잣돈은 있습니까?" "노잣돈이 어디 있겠나? 간신히 여기까지는 어떻게 왔으나 돌아갈 길이 막막하네." "공주 감영에는 무엇 땜에 오신 것입니까?" "과년한 딸을 시집보내려는데 혼수 마련할 돈이 없네. 어릴 적 친구인 목사에게 부탁할까 했는데, 만나주지도 않는군." 딱한 이야기를 들은 김갑순은 요즘 화폐 가치로 400만~500만 원쯤 되는 돈을 선비에게 빌려주었다. "나중에 잘되면 갚으십시오."

몇 년이 지나 한양에서 보낸 심부름꾼이 공주 감영으로 와서 김갑순을 찾았다. 호조 판서께서 김갑순을 무조건 서울로 모시라 했다고 전했다.

이후의 이야기는 예상한 대로 흘러간다. 김갑순을 한양으로 부른 이는 몇 년 전 김갑순이 돈을 보태주었던 선비였다. 호조 판서가 된 그 선비는 신세 진 것을 잊지 않고 김갑순이 고위직에 오를 수 있는 길을 열어주었다. 이후 김갑순은 세금을 걷는 요직인 봉세관捧稅官을 시작으로 충남 일대의 여러 지역에서 군수를 지내게 되었다고 한다.

명당을 누리는 가장 좋은 방법은 적선이다

오늘날 김갑순은 친일파로 기억되고 있다. 그가 친일로 가게 된 계기가 무엇이었을까?

1894년 동학 농민 혁명이 일어났다. 이때 가장 많은 인명이 희생된 전투가 우금치 전투다. 이 전투에서 동학군 1만 1,000명과 조선 관군·일본군 연합 병력 2,500명이 맞붙었다. 일본군의 기관총 앞에서 구식 화승총 수십 정과 죽창, 쇠스랑 따위로 무장한 동학군은 거의 학살당하다시피 했다. 동학군 가운데 목숨을 부지해 도망친 이는 500명에 불과했다.

김갑순이 1872년생이니까, 동학 혁명은 그의 나이 23세 때 일어난 사건이다. 그는 동학군이 일본군에게 처절하게 당하는 모습을 보고는 시대가 바뀌었음을 직감하고 철저하게 일본에 붙어야겠다고 판단하지 않았나 싶다. 김갑순은 봉세관과 군수를 지내면서 돈을 모으기 시작했다. 그리고 일제가 대대적으로 토지 조사를 실시할 때 공주와 대전 일대의 땅을 헐값에 사들이거나 주인이 애매한 땅을 자기 앞으로 돌려놓았다. 1910년부터 일제가 조선의 토지 등기부를 작성하기 시작했는데, 그 이전까지는 '내 땅은 여기까지, 네 땅은 여기까지' 하는 식으로 눈대중으로 소유주를 가늠했기에 눈먼 땅이 많았던 것이다.

1930년대에 김갑순이 공주와 대전 일대에 갖고 있던 땅이 대략 1,011만 평이었다. 대전 땅 40퍼센트가 그의 소유였다. 1900년 초에 경부선이 대전을 통과하게 된다는 정보를 일본으로부터 미리 입수한 그는 논밭과 구릉 지대였던 땅을 집중적으로 매입했고, 이후 대전이 신도시로 개발되면서 땅값이 수백 배로 뛰었다.

1961년에 죽었으니 김갑순은 90세까지 장수했다. 구한말, 동학 농민 혁명, 일제 치하, 해방 정국을 모두 겪은 그는 생전에 "민나 도로보데쓰!"라는 말을 남겼다. '전부 도둑놈이다'라는 뜻이다.

풍수가에서 이야기하듯 김갑순이 정말로 조상의 묏자리 덕을 본 것일까? 전해오는 이야기가 모두 사실이라면 그의 삶은 그 자신의 노력과 처세도 어느 정도 작용했지만, 기묘한 인연으로 인한 운이 적지 않은 영향을 미쳤음을 알 수 있다. 여기에 더해 찾아온 기회를 포착하고 활용하는 기민하고 영리한 움직임이 그를 재벌로 만들었을 것이다. 하지만 김갑순이 남긴 "전부 도둑놈이다."라는 말에는 그의 후반부 삶이 어떻게 전개되었는지를 가늠하게 한다.

잘 알려져 있다시피 기업 CEO와 정치인, 법조계의 판·검사, 물장사하는 사람들이 유독 무속이나 풍수도참에 집착한다. 재물과 권력을 지향하는 이들은 이 세상이 실력만으로 평가받고 정당한 성과를 누릴 수 있는 공정한 곳이 아니라고 생각하는 모양이다. 그래서 대중이 '미신'이라 폄하하는 영역에 기대어 비보책裨補策을 마련해두려 하는 것이리라. 한편으로는 지속적으로 우리 사회의 공정한 구조를 흔들면서 그 혼란을 틈타 자신만 편익을 누리려 하는 것일지도 모른다.

하지만 무속과 풍수도참은 악업惡業의 편에 있지 않다. 당장은 성공을 눈앞에 옮겨다놓은 것처럼 착각하도록 만들지만, 결국에는 대가를 치르게 한다. '명당은 3대가 덕을 쌓아야 잡는다'는 옛말을 흘려듣지 말아야 할 이유다.

귀신과 무당	무당의 예지력은 어떻게 작용하는가?
주술과 부적	액을 막는 신묘한 능력
음양오행	정화수를 떠놓고 기도한 까닭은 무엇인가?
토테미즘과 관상	얼굴에 새겨진 사람의 운명
꿈과 해몽	왜 돼지꿈을 꾸면 재물이 들어오는가?

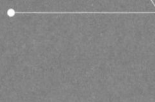

Chapter 3

무속의 세계

1 귀신과 무당

무당의 예지력은 어떻게 작용하는가?

: 신명계에서 알려주는 이보통령과 필보통령

영암 농협의 유채 기름이 유명한 까닭은?

전남 나주와 영암 일대는 고대 마한의 중심 지역이었다. 이곳에서 발견되는 무덤 양식은 백제와는 차별되는 마한 스타일이다. 흔히 전방후원분前方後圓墳이라고 부르는 이 무덤들은 앞이 네모지고 뒤는 둥그런 형태를 띠는데, 일본 고훈 시대[古墳時代(고분시대)·일본의 3세기 중반부터 7세기 무렵까지의 시기로, 지배층의 권위를 나타내기 위해 대형 무덤을 많이 지었다]의 대표적인 무덤 양식과 매우 흡사한 모습을 띠고 있다. 고대에 영산강 일대와 일본 사이에 왕래가 많았음을 보여 준다.

내가 보기에 이 지역의 대표적인 산인 월출산月出山·해발 810미터은 마한의 성산聖山이지 않았나 싶다. 티베트의 명산인 카일라스산중국 티베트 자치구 서남쪽에 위치한 높이 6,714미터의 산이다. 라마교와 불교, 힌두교의 성지로 여겨진다처럼 산 전체가 단단한 바위로 이루어져 있다. 산이 바위로 이루어져 있으면 기가 세고, 기가 세면 기도발이 잘 받는다. 산은 영험해야 산이다. 월출산은 온통 화강암으로 이루어져 기가 셀 뿐만 아니라, 영남·나주 지역 해상 물류의 거점이 되는 산이었다.

티베트의 카일라스산은 내륙 깊숙한 곳에 있어 접근하기가 어렵지만, 월출산은 영산강을 거슬러 오르면 쉽게 접근할 수 있다. 고대 중국이나 일본에서 배를 타고 한반도 호남 지역으로 오다가 영산강 하구를 통해 내륙으로 들어서면 오래지 않아 마치 등대나 이정표처럼 우뚝 솟은 월출산을 마주하게 된다. 한밤중에 강을 거슬러 오르던 선원들은 월출산 위로 떠오른 달을 보며 비로소 목적지에 도달했음을 알고 안도했을 것이다. 그래서 월출산은 시대가 흐름에 따라 여러 번 이름을 바꾸었음에도 예부터 산 이름에서 '달'과 '월月' 자가 빠지지 않았던 것이다. 월출산 주지봉 아래에 위치한 포구인 상대포上臺浦는 비록 규모는 작았지만, 국제 항구로서 역할을 톡톡히 했다. 왕인 박사가 이 상대포에서 배를 타고 일본으로 건너가 논어와 천자문을 전해주었다고 한다.

왕인 박사 집터를 답사하고 내려오다가 영암 농협 조합장을 맡고 있는 박도상 씨의 안내로 메밀국숫집으로 향했다. 화기火氣가 충만한 영험한 산을 답사할 때는 메밀국수가 정답이다. 화기를 내려준다. 국숫집은 영암 읍내에 있는데, 영암 읍내 역시 월출산 화기의 영향으로 터가 세다. 더군다나 이 국숫집은 과거에 죽은 사람의 장례를 치르던 도구인 상여를 보관하던 터였다고 한다. 터가 세

월출산을 배경으로 펼쳐진 들판에 조성된 유채꽃밭. 100만 평의 땅에 유채꽃을 심고 축제를 열어 지역 관광 자원으로 활용하고 있다. 2019년 처음 시작된 영암 '월출산 경관단지 유채꽃 축제'는 이후 계속 이어져왔으나, 최근 들어 기후 이상으로 인해 2024년부터 열리지 못하고 있다.

다고 소문난 곳이었다. 그래서인지 조합장이 농협 직영으로 국숫집을 내려고 하자 주변에서 말렸다. 곰곰이 생각한 끝에 박 조합장은 막걸리 한 말을 사다가 터 주변에 뿌렸다. '영령들이여, 막걸리라도 한 사발 하시고 마음을 푸시오!' 그날 밤 박도상 조합장은 꿈을 꾸었다. 다리가 없는 사람 형태의 수많은 영혼이 고맙다고 하면서 유채꽃을 주었다. 그 꿈을 꾸고 난 뒤에 박도상 조합장은 조합 차원에서 유채꽃밭을 조성해서 유채 기름을 짜기 시작했다. 영암 농협은 유채꽃을 재배하여 기름을 가공하고 판매할 뿐만 아니라 유채꽃 축제까지 개최해 농가 소득을 크게 높이고 지역 활성화에 공헌하고 있다.

점쟁이가 되느냐, 도사가 되느냐는 접신한 존재의 처신이 결정한다

앞서 도사들이 미래를 예측하는 방법 4가지를 소개하면서 미래를 내다보는 또 하나의 방편으로 귀신의 도움을 받는 방법이 있다고 언급했다. 거기에 대해서 밝히겠다.

나는 귀신이 있다고 믿는다. 영혼의 존재를 부정하는 이들이 많겠지만, 고대의 철인哲人들 가운데 많은 이가 인간은 육체의 단계를 거친 뒤 영혼의 단계로 접어든다고 보았다. 현대인들이 인정하는 보편 종교들 역시 영혼의 존재를 중시한다. 인간이라는 존재가 육체의 단계에서 그대로 소멸된다고 믿었다면 그토록 오랜 시간 동안 장례 문화가 이어지지는 않았을 것이다.

영혼이 귀신이다. 이 귀신이 산 사람에게 붙는 현상을 접신接神이라고 한다. 운동선수가 타의 추종을 불허하는 독보적인 기량을 발휘할 때 흔히들 '접신의 경지'라고 표현하는데, 신과 인간이 접하면 그만큼 비상한 능력을 갖게 되는 것이다. 멀리 갈 것 없이 내가 바로 산 증인이다.

나는 학교에 다닐 때 공부를 그렇게 잘하지 못했다. 책을 많이 보지도 않았다. 독서를 즐기지 않은 것은 아니지만, 책벌레 스타일은 아니었다. 그런데 25년 전쯤 특이한 꿈을 꾸었다. 잠을 깨고 나서도 생생하게 기억이 났다. 머리카락이 하얀 노인들이 나를 둥그렇게 둘러쌌는데, 그들 중 한 명이 다가와 커다란 붓을 주었다. 붓의 크기가 전봇대 반절만 했다. 엉겁결에 그 붓을 받아들고는 너무 크고 무거워서 비지땀을 죽죽 흘렸다. 그 꿈을 꾸고 난 뒤에 『5백 년 내력의 명문가 이야기』2002년, 푸른역사라는 책을 썼다. 시쳇말로 이 책이 대박이 터지면서 나는 문명文名을 얻게 되었다. 이후로 글쓰기를 멈출 수가 없었다. 일간지, 주간지, 월간지에 30년 가까이 계속 글을 기고하는데도 아직 에너지가 남아 있다. 주위로부터 "저 사람은 이제 밑천이 다 떨어졌을 것이다."라는 이야기를 한두 번 들은 게 아니다. 하지만 아직 바닥이 드러나지 않는다. 밑천이 거덜 난 것 같다가도 또 생각이 난다. 처음에는 내가 잘나서, 능력을 타고나서 그렇게 지속적으로 글을 쓰는 줄 알았다. 지금은 이 능력이 조상들이 신명계神明界에서 보내주는 에너지에 기인한다고 생각한다. 나는 몸만 빌려준다는 생각도 든다. 심근경색 초기 증상을 겪으면서 고생하는 동안에도 머릿속에서는 글감이 자동으로 돌아가는 걸 발견하면서 놀랐다. 후손과 조상이 힘을 합쳐서 글을 쓴다고 해석할 때 이 미스터리한 현상을 이해할 수 있다.

접신에는 단계가 있다. 귀신이 몸속에 들어와 자리를 잡으면 무당이 된다. 몸속에 들어오지는 않고 병풍처럼 주변에 머물면서 사람의 인생 고갯길에서 영감을 준다면 그것은 보호령이다. 기독교식 표현으로 수호천사쯤 된다. 인간이 겪는 그 숱한 위기를 어떻게 자신의 힘만으로 벗어날 수 있겠는가! 보이지 않는 음조陰助·도움을 받는 사람이 모르게 넌지시 도와줌가 작용하는 것이다.

접신할 때는 대체로 조상들의 영혼이 와서 붙는다. 조상과 후손이 유전자 내지는 혈맥으로 연결되어 있기 때문이다. 동자신童子神이 붙기도 한다. 동자신은 어린아이의 습성을 간직하고 있어서 심부름을 잘한다. '이것 알아보아라.' 하고 심부름을 시키면 얼른 알아온다.

동자신이 들어선 무당에게 가서 점을 쳐본 경험에 의하면 동자신은 내담자, 즉 점을 치러 온 사람의 조상신에게 가서 '이 사람은 앞으로 어떻게 되느냐?'고 물어본다. 그 조상은 자기 후손의 심리 상태나 앞으로 닥쳐올 길흉화복吉凶禍福에 대해서 알고 있다. 알아온 정보를 동자신이 무당에게 알려주면 다시 무당이 내담자에게 알려준다. 동자신 정도 급수의 귀신이 붙으면 일상의 소소한 일들을 점칠 수 있다. 큰일은 동자신이 가진 능력 밖의 일이라 잘 모를 수 있다.

무당에게 들어온 신에도 급수가 있다. 초등학교 졸업인지, 고등학교 졸업인지, 아니면 박사급 귀신이 들어왔는지에 따라 활동과 예측 능력의 범위가 달라진다. 자잘한 귀신이 들어오면 점쟁이 수준에서 활동할 수 있고, 고급 신이 들어오면 교주급이 된다.

무당과 점쟁이 역시 어떻게 처신하느냐에 따라 급이 달라진다. 점을 쳐서 벌어들인 돈을 혼자 먹느냐, 아니면 공익적인 용도에 쓰느냐에 따라 급수가 결정된다. 자기 혼자 먹는 데 급급하면 아무리 힘이 센 귀신이 붙어도 점쟁이에 머무른다. 반면에 주변에 베풀면 그 공덕이 신통력으로 환원되어 도사가 된다. 물을 뱀이 먹으면 독이 되고 젖소가 먹으면 우유가 되는 것처럼 귀신의 능력을 어떻게 쓰느냐에 따라 능력과 평가가 달라지는 것이다.

대체로 귀신의 능력을 활용하여 돈을 번 사람이 재물을 공적인 용도에 쓰지 않으면 뒤끝이 좋지 않다. 귀신의 능력으로 축적한 재물은 사회에 환원해야 한다. 혼자 먹고 쓰려고 해도 절대로 그렇게 되지 않는다.

무슨 일이든 신기가 있어야 진정한 프로가 된다

귀신이 사람에게 미래나 운명을 알려주는 방식에는 크게 2가지가 있다. 먼저 이보통령耳報通靈이다. '귀에다 대고 알려주는 영과 통한다'는 뜻이다. 귀신이 "저 사람은 앞으로 크게 출세한다.", "패가망신할 운명이다." 등등을 점쟁이와 무당의 귀에다 대고 일러주는 것이다. 이보통령 방식으로 귀신과 소통하는 무당과 이야기를 하다 보면 마치 두 사람과 대화하는 것 같은 느낌을 받는다. 이 이야기를 하다가 바로 건너뛰어 다른 맥락의 이야기를 불쑥 꺼내기도 한다. 이때 말을 자르지 말고 가만히 듣고 있어야 한다. 말을 자르면 크게 화를 내거나 입을 닫아버린다. 다른 하나의 방식은 필보통령筆報通靈이다. 필筆, 즉 귀신의 메시지가 펜과 붓을 통해 전달된다. 무의식에 빠진 무당과 점쟁이의 손을 귀신이 움직이는 것이다.

나는 인간계의 존재가 진정한 프로페셔널이 되기 위해서는 조상의 영과 후손이 서로 통해야 한다고 생각한다. 귀신과 인간이 서로 합치한 지점에서 행해지는 어떤 작용을 '신인합발神人合發'이라고 하는데, 영적 존재와 인간이 힘을 합쳐서 능력을 펼치는 것이다. 이 무슨 해괴한 소리냐고 비판하는 이가 있을지 모르지만, 태고로부터 현대에 이르기까지, 그리고 서구로부터 동양에 이르기까지 명멸하고 이어온 모든 종교가 추구한 바가 바로 이 신인합발의 경지다. 인간 혼자의 힘만으로 이룰 수 있는 것에는 한계가 있다. 신인합발이 되지 않으면 어떤 분야를 막론하고 진정한 프로페셔널의 세계에 진입하기 힘들다.

내가 아는 지인 중에 신인합발의 경지에 오른 한의사가 한 명 있다. 침을 놓고 약을 쓰는 능력이 비범하다. 그에게 조상 가운데 혹시 의료 계통에 종사한 이가 있는지 물었다. 그렇다고 답했다. 과거에 의원은 천한 직업이었다. 그럼에도 많은 사람을 살렸다. 아마도 그 한의사의 조상은 사회적으로 천대를 받으면서도 여럿을 살린 공덕을 쌓았을 것이다. 그 공덕이 오늘날 그 한의사의 비범한 능력으로 발현되었다는 것이 내 생각이다.

돈 버는 일도 그렇다. 윗대 조상 중 누군가가 적선을 많이 해서 주변에 덕을 베풀어놓으면 그 후손이 재물을 얻는다. 돈이란 결코 억지로 벌려고 한다고 해서 손에 잡히는 물건이 아니다. 윗대에서 투자를 하지 않았는데, 어찌 그 후손이 수금을 할 수 있겠는가.

그런데도 재물을 손에 쥐려고 억지를 부리면 감방에 가거나 큰 병에 걸린다. 자기 것이 아닌 것을 탐하기 때문이다.

재벌 반열에 드는 회사의 창업자들을 몇 명 만나면서 그들의 공통점을 알게 되었다. 신기神氣다. 그들이 타인을 평가하는 눈은 정확하다. 거의 점쟁이 수준이다. 사무실 문을 열고 들어서는 사람을 획 보는 것만으로도 '이 사람은 쓸모가 있군.', '저 사람은 뒤에 가서 배신할 상이구나.', '이 사람은 반드시 붙잡아야 한다.' 등등의 판단을 순식간에, 그리고 매우 정확하게 한다. 사업과 경영이란 순간적인 판단의 연속이다. 정답이란 애초에 존재하지 않는다. 이런 각도에서 보자면 최고경영자는 신들린 사람이다. 신들려야 예측 능력을 가질 수 있다. 예측력이 없으면 사람 보는 안목과 상황 판단에 구멍이 생긴다.

그렇다면 CEO들에게는 어떤 귀신이 들렸는가? 자본資本이라는 신이다. CEO는 자본신資本神과 접신한 사람들이다. 그들은 자본주의의 무당인 셈이다. 대박이 나서 어마어마한 재물을 손에 쥔다는 것은 자본신의 굿거리에 해당한다. 그래서 마지막에는 씻김굿을 해야 한다. 공익 재단을 세워서 사회에 봉사하고 환원해야 한다. 귀신의 도움을 받아 돈을 버는 무당과 같은 처지다. 재물을 쌓느라 알게 모르게 쌓인 원한을 씻어내야 한다. 공동체를 위해 환원하고 공익을 위하면 그 원한을 씻어낼 수 있다.

② 주술과 부적

액을 막는 신묘한 능력

: 귀신을 부리고, 귀신을 내쫓다

주술이란 무엇인가?

주술呪術이 무엇인지 이해하기란 쉽지 않다. 특히 21세기의 '과학'이라는 종교를 신봉하는 사람들에게는 더욱 그렇다.

여러 매체와 책에 나타난 주술의 정의를 정리하면, '초자연적인 존재의 힘을 빌려 신묘한 현상을 일으키며 인간의 길흉화복을 내다보고 문제를 해결하려는 비과학적 행위'라고 말할 수 있다. 현대인에게 주술은 부정적인 이미지가 강하다. 그 이유는 영화와 책, 웹툰 등의 스토리 콘텐츠를 통해 '주술=저주'라는 공식을 학습한 까닭이다. 아닌 게 아니라 이상하게도 대부분의 이야기에서 주술은 타인을 저주하는 데 쓰인다. 세계에서 가장 대중적인 신화라 할 수 있는 그리스-로마 신화에서도 신들이 부리는 마법과 주술의 대부분이 어떤 대상을 자기 마음대로 조종하려 하거나 연적戀敵과 정적政敵, 질투와 시기를 유발하는 대상의 인생을 망가뜨리는 데 쓰인다. 타인을 이롭게 하려고 주술을 거는 장면은 별로 접하지 못했다.

사실 오늘날 수많은 사람이 알게 모르게 주술을 생활화하고 있다. 대한민국 국가대표팀이 경기를 할 때 경기장에서 또는 TV를 보면서 펼치는 응원 역시 일종의 주술 행위다. 응원에는 집단의 염원이 한 곳으로 집중되면 어떤 물리적 현상을 동반하리라는 막연한 믿음이 깔려 있다. 그리고 주변의 친한 사람이 중병에 걸리거나 고통을 당할 때면, 종교가 없거나 무신론자인 사람이라도 간절한 소망을 품으며 가슴에 두 손을 모은다. 나 혼자만의 힘만으로는 어쩔 수 없는 막막한 상황에서 어떤 거대한 존재의 도움을 구하고자 하는 마음과 행위는 인류의 오랜 본능에 가깝다.

그렇다면 과거에도 주술이 오늘과 같은 의미를 지녔을까? 어떤 이념이든 시간이 흐르면서 문명의 더께가 씌워져 원형을 잃어버리기 마련이다. 초월적인 존재, 즉 신의 힘을 빌려 어떤 뜻을 이루고자 하는 의미에서는 크게 벗어나지 않았지만, 원래 주술에서의 핵심은 주문呪文이었다. 주呪라는 한자는 집안 또는 공동체의 맏이[兄]가 입[口]을 벌려 하늘에 고하는 모습을 형상화한 것이다. 兄형은 신과 소통할 수 있는 자격과 능력을 가진 제사장 내지는 무당을 가리킨다. 이때 제사장이 신과 소통하는 언어는 일상어가 아니라, 종교적·무속적 체계를 지닌 신령한 언어다. 이것을 주문이라 한다.

신을 설득하는 소리, 주문

주문은 신들을 설득하는 소리다. 신들을 설득한다? 이러한 생각에는 신이 존재한다는 전제가 깔려 있다. 불교의 우주관에 따르면 이 세상에는 33개의 하늘이 있다. 이를 33천天이라 한다. 각각의 위격位格을 지닌 서른세 명의 신이 서른세 개의 하늘에 각각 자리하고 있다. 최고신인 하느님제석천을 비롯해서 그 아래에 여러 차원의 꼬붕(?) 신들이 있는 것이다. 사람들은 주문을 외우면 이 신들로부터 에너지와 영감, 신묘한 힘이 자신에게 전달될 것이라 믿었다.

사실 거의 모든 종교에는 '주문'이 있다. 고대 원시 종교뿐 아니라 보편 종교라고 하는 기독교와 이슬람교에서는 '기도문'이라는 이름과 형태로 존재한다. 거의 모든 종교가 신과의 소통 내지는 일치를 추구하므로 인간과 신을 연결하는 일정한 형태의 특화된 소리와 언어가 존재할 수밖에 없다.

고려 시대에 열여섯 명의 국사國師를 배출한 순천 송광사. 근래까지 송광사에는 그 빛나는 전통을 계승한 구산 스님1910~1983이 있었다. 독일, 덴마크, 프랑스, 영국, 미국 등에서 온 외국인 제자들이 특히 이 스님 밑에서 감화를 많이 받았다. UCLAUniversity of California, Los Angeles에서 교수를 지낸 뒤 동국대학교 불교학술원장을 역임하기도 한 로버트 버스웰1953~도 젊었을 때 송광사 구산 스님 밑에서 방 청소하고 마당 쓸었다. 화두선話頭禪을 하면서 말이다.

구산 스님의 별명 가운데 하나가 '이발사 스님'이었다. 출가하기 전 속가에서 이발사로 일했기 때문이다. 그런데 폐병에 걸려버렸다. 딱히 약이 없던 시절이라 폐병에 걸리면 사망할 확률이 높았다. 어느 날 머리 깎으러 온 손님 한 명이 "폐병도 주문 외우면 낫는다"는 말을 해주었다. 죽을 날을 기다리던 이발사는 그 말을 듣고 죽기 살기로 주문을 외웠다. 눈만 뜨면 입속으로 주문을 읊조렸다. 그러던 중 정말로 폐병이 나았다. 출가하여 승려가 되었다.

그때 구산 스님이 왼 주문이 불교 경전인 『천수경千手經』이었다. '천수다라니'라고도 한다. 천 년 넘게 한국 불교에서 가장 신봉하는 주문이다. 이것 외워서 병 낫고 소원 이루었다는 사람이 부지기수다.

불교에서는 주문을 '다라니'라고 한다. 다라니의 뜻은 '진언眞言'이다. 진짜[眞] 말[言]이다. 인간의 말 중에는 가짜가 많다. 진언은 신께 올리는 진실한 언어다.

사람의 기질과 소질이 제각각이듯 주문을 외우는 일에 타고난 사람이 있다. 고려 시대에는 이런 인재들을 뽑아서 주금사呪噤師라는 특별한 직책을 부여하고 양성했다. 주문을 외워 질병을 낫게 하는 일종의 의사 비슷한 존재였다. 녹봉이 일반 관리보다 높았다고 알려져 있다. 현재 일본 왕가 주변에도 주금사가 있다고 들었다. 총리가 외국에 나갔다 와서 천황을 알현할 때면 주금사가 '드라이클리닝'을 하고는 한다.

주술을 어렵게 생각하지 말라. 이상한 사술邪術이라고 여기지도 말라. 인간의 힘으로 해낼 수 없고 해결할 수 없는 일들이 얼마나 많은가. 그때 천상의 존재에게 힘을 달라고, 결코 이루어질 수 없을 것 같은 기적을 일으켜달라고 바라는 간절한 염원을 담은 마음의 소리가 곧 주술이고 주문이다.

여기에도 인과응보因果應報의 법칙이 작용한다. 영적 세계에는 사악한 영령들도 있어서 타인을 망치려는 주술을 하면 어느 정도 실현된다. 하지만 반드시 대가를 치르게 된다. 그릇된 마음에서 비롯된 삿된 주술은 결국 그것을 행하는 당사자에게 되돌아간다. 이러한 이치는 동서양을 막론한다. 서양의 고전에도 악마에게 영혼을 팔아 뜻을 이루려는 인물들이 등장한다. 이들은 일시적으로 힘을 갖고 권세를 누리며 원하는 것을 성취하지만 결국에는 말로가 비참하기 짝이 없다. 그릇된 힘을 빌려 뜻을 이루기 위해서는 그에 상응하는 것을 지불해야 한다. 결코 공짜는 없다.

부적이란 무엇인가?

내가 30대 후반일 때, 그러니까 IMF 외환 위기로 대한민국이 시름할 무렵 새로 지은 아파트에 입주했다. 그런데 이후부터 건강이 나빠지고, 자고 일어나면 몸이 굳는 일을 자주 겪었다. 꿈자리도 사나웠다. 머리가 잘려나가고 다리가 떨어져나간 모습의 사람들이 나타나 괴롭혔다. 땅과 사람의 궁합을 체크하는 가장 중요한 요소가 '잠'이다. 자고 나면 몸이 개운해야 명당이다. 숙면이 안 되면 그 자리는 빨리 피해야 한다. 무슨 문제가 있다는 생각이 들어 동네 토박이들에게 탐문했다. "원래 저 아파트 터가 무엇을 하던 곳이었습니까?" 어르신들이 주뼛주뼛하다가 답했다. "동네 공동묘지였소."

상황을 알았지만 당장은 방법이 없었다. 다시 이사를 하기에는 돈 문제도 있고, 직장인 대학으로 오가는 출근 문제와 아이들 통학 문제도 걸려 있었다. 응급 처방으로 부적符籍을 구해서 현관 앞과 안방, 아이들 방에 붙였다. 50퍼센트 정도 효과가 있었다.

부적은 귀신을 쫓는 종이쪽지나 유사한 형태의 어떤 물건이다. 符부는 '부호'라는 뜻이고, 籍적은 '문서'를 가리킨다. 문명 시대로 돌입한 초창기부터 인류는 부적을 사용해왔다. 어쩌면 그 훨씬 이전부터 존재해왔는지도 모른다. 인류가 부적을 사용한 이유는 이 세상이 살아 있는 사람과 죽은 이의 영혼, 즉 귀신이 공존하는 공간이라는 생각에서 비롯되었다. 귀신은 사람에게 붙을 수도 있고, 방이나 사무실과 같은 어떤 장소에 붙을 수도 있다. 귀신이 붙으면 인간의 삶에 영향을 미치고 운運이 방해를 받는다.

내가 경험했던 사례처럼, 공동묘지를 밀고 그 땅에 택지를 조성해서 주택이나 아파트를 짓기도 한다. 이런 집에 들어가면 공동묘지에 머물던 귀신들과 거주자가 동거하는 셈이다. 이런 주택과 아파트는 피해야 하지만, 입주자들이 그 땅의 내력을 알기 어렵고, 그 터에 혼령이 머물고 있는지도 알 수가 없다. 사람들이 거주지를 선택할 때는 주변에 병원, 학교, 편의 시설을 두고 입지 조건을 평가하지 그곳이 원래 어떤 용도로 쓰이던 터였는지는 면밀하게 파악하기 어렵다. 건설업자들이 "우리가 집을 지은 이 터는 공동묘지 자리였습니다."라고 미리 알려주겠는가? 오히려 동네 토박이들의 입단속을 하는 데 공을 들일 것이다.

부적은 어쩔 수 없는 상황에서 액막이를 하기 위한 방편으로 쓰인다. 단, 전제 조건이 있다. 부적을 쓰는 사람의 기氣가 강해야 한다. 여러 가지 수련을 통해 몸에 기운이 돌아가는 사람이 써야만 부적으로서 효과가 있다.

가톨릭에는 퇴마退魔 의식이라는 것이 있다. 말 그대로 몸속에 마귀가 든 사람으로부터 마귀를 쫓아내는 의식이다. 그런데 가톨릭 사제신부들 가운데에 퇴마를 행할 수 있는 이는 극소수다. 퇴마 능력을 타고난 사제들을 추려서 특별한 훈련을 시킨다. 사제품을 받았다고 해서 모두가 특정한 영역에서 같은 능력을 발휘할 수 있는 것은 아니다. 이처럼 부적을 쓰는 사람도 타고난 자질을 바탕으로 수련을 쌓아야 능력을 발휘할 수 있다.

몸 안에 기가 도는 현상을 소주천小周天이라고 한다. 고단자가 되면 단계가 높은 대주천大周天이 일어난다. 소주천 정도의 등급에 도달한 사람이라도 종이에 붓으로 먹물 글씨를 쓰거나 볼펜으로 글씨를 쓰면 그 글씨에는 기가 들어간다. 소주천 정도만 되어도 '주천화후周天火候'라고 해서 온몸에 불기운이 돌아다닌다. 그러니까 도인이 쓴 부적에는 불이 펄펄 휘날리는 셈이다. 사람은 그 기운을 알아차리지 못하지만 귀신은 그 글씨에서 빛이 번쩍거리는 듯한 에너지를 감지한다. 인간이 맨눈으로 태양을 정면으로 응시할 수 없는 것처럼 기가 가득한 도인의 글씨를 귀신들은 바라볼 수가 없다. 그래서 부적이 있는 장소나 사람에게 귀신이 붙지 못하는 것이다.

삼척의 해일 피해를 막는 척주동해비

허목1595~1682은 조선 중기에 학문과 교육, 정치, 회화, 서예, 사상 등 여러 분야에서 활동한 인물이다. 그런데 반대 당파에 속했던 송시열1607~1689이 병에 걸리자 허목에게 처방을 부탁했다. 정치적 라이벌이 그런 부탁을 할 정도로 허목의 능력이 탁월했던 것이다. 허목 역시 송시열의 부탁을 저버리지 않고 처방전을 써주었다. 그런데 그의 처방전에는 비상砒霜을 2냥 정도 넣도록 되어 있었다. 송시열의 아들은 그것이 독성이 강한 물질임을 알고 비상의 용량을 줄여서 1냥만 넣고 약을 달였다. 송시열은 그 약을 먹고 낫기는 했으나 100퍼센트 완치는 안 되고 70퍼센트 정도 개선되었다. 혹시 송시열을 해치려는 게 아닌가 하는 의심 때문에 완치가 안 된 것이다.

의학에도 일가견이 있었던 허목은 붓글씨를 잘 썼는데, 특히
전서篆書·한자의 서체 가운데 하나로, 진시황제가 문자를 통일할 무렵 창시되었다

고 알려져 있다가 탁월했다. 전서 중에서도 까마득한 옛날에 쓰던 서체인 고전古篆의 대가였다. 흔히 '지렁이체'라고도 부른다. 꼬불꼬불 지렁이가 기어가는 모양새를 하고 있기 때문이다. 이 서체로 쓴 글씨가 특히 부적으로서 효과가 탁월했다. 당시 사람들은 허목이 쓴 고전 글씨를 집에 걸어놓으면 재수가 좋다고 여겼다. 여기저기서 찾아온 사람들이 허목의 글씨를 받으려고 줄을 섰다.

허목이 삼척 부사로 재임할 때 해마다 해일이 일어나 피해가 발생했다. 이를 막으려고 그는 글씨를 써서 비석에 새겨두었다. 이 글씨가 척주동해비陟州東海碑다. 삼척 항구가 내려다보이는 육향산 언덕에 지금도 서 있다. 이 척주비를 세운 뒤로 해일 피해가 줄었다고 한다. 우리나라의 부적 중에서 가장 공공적인 목적을 띤 부적이 아닐 수 없다. 이런 레벨의 글씨를 쓴 허목은 결코 범상한 인물이 아니었을 것이다. 내단 수련을 해서 주천화후의 경지에 올랐거나 신장神將을 부렸던 것이 아닌가 싶다. 어쩌면 자신을 감싸는 신장의 기운을 글씨에 투영시켰는지도 모른다. 그 정도 수준이 아니라면 감히 해일을 막겠다고 비석을 세울 정도의 배짱과 용기를 부리기 쉽지 않았을 것이다.

앞에서 언급한 화순의 도사 조갑환도 가끔 부적을 썼다고 한다. 종교를 창시하여 교주가 되었어도 모자람이 없었을 뛰어난 도인이 쓴 부적이었으니, 당연히 효과가 있었다. 어떤 이유에서인지

허목 초상(왼쪽)과 삼척에 있는 척주동해비. 허목은 과거에 급제하지 않았으나, 학문과 덕행이 뛰어나 특별히 천거되어 관직에 올랐고 정승에 이르렀다. 효종이 죽고 현종이 왕위에 오른 과도기에 왕실의 예법을 두고 남인과 서인(노론)이 맞붙은 예송논쟁에서 남인의 대표적 논객으로 활약했다. 인품과 학행이 드높아 남인이 실각한 뒤에도 정치적 보복을 당하지 않고 천수를 누렸다.

하루는 조갑환이 '鍾鬼종귀'라고 쓴 글씨를 시집간 자기 딸의 방문 위에 붙이라고 하였다. 글씨는 먹물로 쓴 것이 아니라 경면주사를 갈아서 만든 빨간색이었다. 경면주사는 붉은색이 나오는 광물질이다. 부적 쓸 때 이 경면주사를 갈아서 쓴다. 붉은색에 귀신을 물리치는 효험이 있다고 여겼기 때문이다. 레드카펫도 붉은색인데, 원래 귀신을 물리치는 벽사辟邪의 용도였다. 경면주사는 무척 귀한 물질이기에 값이 비싸서 금값과 맞먹었다. 어느 날 굿을 잘하는 무당이 딸의 집에 들어가려다가 발걸음을 멈추었다. "저 글씨 좀 떼어주세요. 들어갈 수가 없어요." 이 부탁을 받고 딸이 종귀 부적을 떼자 그제야 무당은 한숨을 내쉬고 걸음을 옮겼다고 한다.

한 가지 의문이 든다. 조갑환은 왜 '鍾鬼'라고 썼을까? 종鍾은 쇳소리가 난다. 쇳소리는 귀신을 내쫓는 소리다. 그래서 절에서 종을 때리면 귀신이 다가오지 못한다. 종에 그런 효과가 있다. 4·19 혁명 선언문에도 '저 자유의 종을 난타하라!'라는 글귀가 있다. 자유의 종이 독재라는 컴컴한 밤을 물리친다는 비유가 아니겠는가. 무당이 조갑환이 쓴 글씨 때문에 문지방을 넘지 못했다는 사실에서 조갑환의 도력을 다시 한 번 실감하게 된다.

주색잡기를 즐기는 보통 사람이 부적을 써봐야 아무런 효과가 없다. 그것은 낙서에 불과할 뿐이다. 그런 종이쪽지 나부랭이를 부적이랍시고 비싼 돈을 지불하고 집에다 붙여놓는 사람은 사기를 당한 것이다. 그런데도 사람들은 비싸게 구입한 부적일수록 효험이 있다고, 아니 효험이 있어야 한다고 고집한다. 그러다가 어떤 일이 잘 풀리면 부적 덕으로 돌린다. 물건을 제값 주고 사들였다고 믿으며 안도하고 싶은 것이다.

부적의 도움을 얻고 싶다면 부적을 쓰는 사람이 어떤 인물인지 알아야 한다. 시정잡배 같은 짓이나 하면서 대중을 현혹하는 자에게 어떤 선한 기운과 힘이 있겠는가. 그런데도 그런 이들에게 많은 사람이 몰린다. 게다가 그런 이들이 쓴 부적의 효험을 봤다는 증언이 뜬소문처럼 떠돈다.

둘 중 하나다. 은밀한 마케팅이거나 플라시보 효과. 은밀한 마케팅이란 사람을 끌어들이기 위해 가짜 증언을 살포하는 것이다. 플라시보 효과란 우연히 맞아떨어진 어떤 결과를 부적 덕으로 돌리는 것이다. 한편으로는 비싼 대가를 지불하고 부적을 얻은 사람이 그 힘을 믿고 과감하게 행동한 결과로 어떤 덕을 볼 수도 있다. 반면에 부적의 힘을 믿고 무리하게 베팅했다가 쪽박 찬 사람도 있다. 하지만 쪽박 찬 사람의 이야기는 수면 위로 잘 떠오르지 않는다. 잘되면 부적 덕이고, 안되면 자기 탓이다. 주식 시장에서 잃은 사람의 이야기는 잦아들고 대박 난 사람의 이야기만 거듭 회자되며 부풀려지는 것과 같은 이치다.

3 음양오행

정화수를 떠놓고 기도한 까닭은 무엇인가?

: 물이 지닌 힘

음양오행이란 무엇인가?

음양오행설陰陽五行說이란 무엇인가? 이 사상에 대해 설명하는 많은 이야기가 있으나, 나는 '음양오행은 인류가 세상과 우주의 움직임을 이해하려는 노력'이라는 전제를 먼저 말하고 싶다. 그럼 어떤 방식으로 이해하려 했는가 하는 질문이 남는다. 여기에 대해서는 우선 음양陰陽과 오행五行을 각각 떼어서 생각해야 한다.

오행의 오五는 이 세상을 구성하고 있는 다섯 가지 물질을 뜻한다. 각각 목木, 화火, 토土, 금金, 수水다. 대체로 이것들을 나무, 불, 흙, 쇠, 물로 쉽게 이야기하지만 엄밀히 말해서 실제로 그것들을 지칭하는 것은 아니다. 그 각각의 성질을 지닌 어떤 물체나 성향, 현상, 성격 등을 이해하기 쉽게 나무, 불, 흙, 쇠, 물이라는 물질로 상징화하고 구체화한 것뿐이다. 예를 들어 '목木'은 나무 그 자체가 아니라, '나무처럼 무성하게 자라나는 생명력'을 뜻하는 한편 '단단하게 뭉쳐 있으면서도 허약한 것'이라는 성질을 표현한 것이다. 이와 같은 고대인의 사고 체계를 현대를 살아가는 우리가 온전히 받아들이기는 힘들다. 다만 직감적이고 감각적으로 수용해야 한다.

자, 그렇다면 오행의 행行은 무엇일까? 말 그대로 움직임이자 걸음걸이다. 앞서 이야기한 다섯 개의 원소이자 물질이자 성질이자 현상이 시간의 흐름에 따라 움직이고 나아가며 이루어내는 모든 변화와 조화를 뜻한다. 이 다섯 요소는 서로 조응하기도 하고 충돌하기도 하는데, 이 현상을 '상생相生'과 '상극相剋'이라고 표현한다. 어떤 요소들은 둘이 만났을 때 조화를 이루는[相生] 반면 어떤 요소는 다른 요소와 만났을 때 하나가 다른 하나를 짓누르는[相剋] 현상이 일어나는 것이다.

상생의 예를 들어보자. '목생화木生火'라는 표현이 있는데, 이는 목木이 더해짐으로써 화火가 더욱 살아날 수 있음을 나타낸다. 이는 불에 나무 땔감을 보태면 불이 커지는 자연 현상을 통해 쉽게 이해할 수 있다. 화생토火生土도 있다. 화火가 토土를 만들어낸다는 의미인데, 이 역시 불이 일어난 뒤에 남은 재가 흙으로 변하는 이치로 받아들일 수 있다. 이처럼 상생 관계에 있는 요소들은 서로에게 도움을 줄 수 있다. 목木 기운이 있는 사람은 화火 기운을 가진 사람과 만나면 관계가 원만하고, 수水 기운이 있는 사람은 목木 기운이 있는 날에 중요한 일을 하면 일이 잘 풀린다는 식이다.

상극의 가장 쉬운 예로는 물과 불을 들 수 있다. 수극화水剋火는 수水가 화火를 짓누름을 뜻한다. 물이 불을 끄는 현상을 통해 쉽게 이해할 수 있다. 불 기운이 강한 사람은 물 기운을 가진 사람을 만나야 화딱질 나서 일을 그르치는 상황을 피할 수 있다. 또 한편으로는 불처럼 열정이 타올라야 하는 상황에 물 기운으로 인해 열정과 노력이 사그라질 수도 있다.

또한 오행은 각각 동서남북과 중앙이라는 다섯 방위를 나타낸다. 목은 동쪽, 화는 남쪽, 토는 중앙, 금은 서쪽, 수는 북쪽이다. 그리고 목화토금수를 색깔로 순서대로 나타내면, 청적황백흑이다. 과거 중국의 황제들이 황색 옷을 입은 이유를 알 수 있다. 중심을 상징하는 색깔로 황제의 위치와 권위를 나타내려 한 것이다.

음양陰陽은 이 세상이 서로 상반되는 성질과 현상이 서로 교차하는 가운데 변화해감을 뜻한다. 남자가 있으면 여자가 있고, 낮이 있기에 밤이 있으며, 행운이 있으면 불행이 뒤따르는 세상만사의 이치를 설명한다. 원래 음양과 오행은 서로 따로 떨어진 이론이었으나, 한나라 때에 이르러 결합하면서 아주 복잡한 양상을 띠게 되었다.

물은 배를 띄우나, 뒤엎기도 한다

그렇다면 오행설을 따르는 사람들은 다섯 요소 가운데 무엇을 첫째로 쳤을까? 수水다. 둘째가 화火, 셋째가 목木, 넷째가 금金, 다섯째가 토土였다. 왜 물을 첫째로 쳤을까? 생명의 근원이라고 보았기 때문이다. 오늘날 과학자들은 지구에 바다가 만들어진 뒤에 거기에서 생명이 처음 나타났다고 보고 있다. 우주를 탐사하는 수많은 발사체들이 다른 행성에서 찾고자 하는 것도 물의 흔적이다. 물이 곧 생명체의 존재 여부를 가늠하기 때문이다. 물에서 생명이 출발했다고 본 고대 현자들_{고대 그리스의 철학자 탈레스도 만물의 근원을 물이라고 여겼다}의 통찰이 놀랍다.

고대의 현자들이 물을 으뜸으로 여긴 또 하나의 이유는 물이 곧 민심이요, 정치의 요체를 상징한다고 보았기 때문이다. 정치는 민심을 읽는 일이다. 다스린다는 뜻을 지닌 치治라는 글자에 그 힌트가 있다. 높은 언덕에서 물을 바라본다는 의미가 담겨 있다.

'수가재주水可載舟 역가복주亦可覆舟'라는 유명한 문구가 있다.

역대 통치자들이 가장 명심하고 새겼던 잠언이다. '물은 배를 띄울 수도 있지만 엎어버릴 수도 있다'는 뜻이다. 민심은 정권을 탄생시킬 수도 있지만 몰락시킬 수도 있다. 물이 잔잔할 때는 별것 아닌 것 같지만, 파도가 칠 때면 공포를 자아낸다. 해일이 몰아치기라도 하면 모든 것을 쓸어버린다. 불보다 사실은 물이 더 무섭다. 화재 보험은 있어도 수재 보험은 없다. 기독교 성경의 하느님이 세상을 쓸어버린 방식도 홍수였다. 물은 생명을 주지만 여차하면 모든 것을 갈아엎는다.

환경오염이 극심해지면서 생수 시장에도 변화가 생기기 시작했다. 공기 좋고 물 좋은 동네라 해도 지표면에서 퍼 올린 생수의 안전성에 의심이 커지면서 새롭게 떠오른 것이 해양심층수다. 해양심층수는 수심 200미터 이하의 깊은 바다 속을 흐르는 물로 오염도가 낮아서 지구상에서 가장 깨끗한 식수원으로 평가받고 있다. 이를 퍼 올려서 먹을 수 있게끔 정제한 것이 시중에 나와 있는 생수용 해양심층수다. 바닷물이 한 덩어리로 흘러가는 것처럼 보여도 각각 성분과 흐름이 다른 물결들이 제각각 살아 움직이고 있는 것이다.

한강에도 우중수牛重水라는 물이 흐른다. 물이 좀 무겁다. 강원도 오대산 월정사 쪽에서 흘러온다. 각종 미네랄이 풍부하게 함유되어 있어서 물의 비중이 높다고 한다. 비중이 높아서 다른 물과 잘 섞이지 않는다. 그래서 이 우중수는 수맥을 따라 수백 킬로미터를 흘러오면서도 한강 밑바닥에서 자기 정체성을 유지한다. 서울 북촌의 양반들이 한약재를 달일 때 이 우중수를 썼다. 하인들이 우중수를 뜨려고 배를 타고 강의 중심까지 갔다. 항아리 뚜껑에 줄을 매달아 수심 3~4미터 깊이의 물을 떠왔다.

바다는 여러 종류의 물결이 자기만의 성질을 띤 채 흐르고 있다. 하지만 이 바다가 분노할 때는 그 물결들이 하나로 어우러져 절벽을 때리고 해안가의 인가를 쑥대밭으로 만들고 수많은 것을 무너뜨린다. 한강의 껍데기 물과 속에서 흐르는 물이 다르듯, 겉만 보아서는 속사정을 알 수가 없다. 민심과 여론을 살펴야 하는 이가 헛발 디디면 좀처럼 유턴하기가 쉽지 않다. 그러면서 점점 민심과 멀어진다.

대관세찰大觀細察이다. 큰 틀에서 전체적인 맥락을 이해하면서도 세부적인 요소를 꼼꼼하게 살피는 정확성을 갖추어야 한다. 하지만 정치라는 틀 안에만 갇혀 있으면 세찰은 되는데 대관이 안 되는 수가 있다. 민심이라는 거대한 물줄기를 보아야 한다. 큰 흐름에서 삐져나와서 역행하는 지류支流를 본류本流라 착각하거나 우긴다면 물살에 배가 뒤집힌다.

산꼭대기에 있는 정화수

백두산과 한라산 꼭대기에는 호수가 있다. 천지天池와 백록담 白鹿潭이다. 우리 민족은 예부터 정상에 호수나 연못이 있는 산을 특별히 여겼다. 금강산과 지리산도 영산靈山이지만, 백두산과 한라산을 조금 더 높이 쳤다. 물론 그 이유는 물 때문이다. 물은 대개 낮은 데로 흐른다. 호수나 연못은 저지대에 있는 것이 상식이다. 그런데 천지와 백록담은 반대로 산꼭대기에 물을 품고 있다. 이 점이 특별하다. 결론을 미리 이야기하자면, 우리 민족이 백두산과 한라산에 특별한 위치를 부여한 이유가 산꼭대기 호수의 물을 거대한 정화수井華水로 여겼기 때문이 아닌가 싶다.

우리의 할머니들과 어머니들은 수천 년 동안이나 장독대와 부엌에서 사발에 정화수를 떠놓고 기도했다. 왜 사발에 물을 떠놓고 기도했을까? 그냥 하면 안 되나? 안 된다. 기운을 응집시키는 물의 성질을 빌려야 한다.

기도는 정신을 집중시키는 것이 관건이다. 기도하면서 딴생각 하면 기도발이 안 듣는다. 염력念力을 모아야만 기도발이 생긴다. 정신력을 응집시키기 위해서는 매개체가 필요하다. 그것이 물이다. 물은 액체이고 응집되어 있다. 반면에 기체는 공기 중으로 흩어지는 성질이 있다. 찬물 한 사발, 기왕이면 이른 새벽에 길어 올린 우물물 한 사발 떠놓고 기도하면 기도의 염원이 응집된다. 그래서 정화수 떠놓고 기도하는 전통이 생겼다고 본다.

1960~70년대까지 계룡산에는 수십 개의 민족 종교 단체가 터를 잡고 있었다. 이 민족 종교들 가운데 하나가 '찬물교'였다. 웃기려고 지은 이름이 아니다. 찬물 떠놓고 기도하는 것이 종교 의례의 핵심이었다. 페르시아에서 발생한 조로아스터교배화교가 불을 중시했다면, 우리는 물이 가진 힘에 집중했다. 그러니 거대한 정화수를 머리에 이고 있는 백두산과 한라산이 얼마나 영험해 보였겠는가.

산꼭대기에 자연 호수가 없으면 사람이 구멍을 뚫기도 했다. 속리산 문장대의 암반 위에 세숫대야 크기의 홈이 파여 있다. 고대인들이 일부러 판 것이다. 이곳에는 평상시에도 물이 고인다. 산 위에서 암반에 구멍이나 홈을 판 흔적이 발견된다면 십중팔구 고대인들의 기도터라고 보면 된다. 이 흔적을 일부 사람들은 'cup mark'라고 부른다.

전남 영암의 월출산 구정봉에도 인공으로 판 홈이 여럿 있다. 아홉 개의 우물이 있다고 해서 '구정봉九井峰'이라는 이름이 붙었다. 여러 번 이야기했듯, 암반에는 화기火氣가 충천해 있다. 여기에 물이 있으면 그 화기를 수기水氣가 붙들어놓을 수 있다. 그래야만 영기靈氣가 오래간다. 물이 없으면 재미가 없다. 마치 홀아비 신세

같다. 바위 암반이 남자라면 물은 여자에 해당한다. 신석기와 청동기 시대의 고대인들이 이러한 이치를 알고 있었기에 바위 봉우리에 홈을 파서 물이 고이게 했다고 나는 생각한다.

문장대와 구정봉뿐만이 아니다. 우리나라의 독립된 바위 봉우리에서는 '컵 마크'가 아주 많이 발견된다. 부산대학교 뒤쪽의 금정산 바위 봉우리에도 있고, 팔공산 갓바위 부처님 뒤쪽의 바위에서도 조그마한 홈들이 파인 것을 확인할 수 있다. 중국의 화산 정상 부근에서도 볼 수 있다. 화산은 해발 2,000미터가 넘는 바위산이다. 온통 화강암으로 이루어져 있는데, 그 꼭대기쯤에 세숫대야만 한 컵 마크가 있다. 역시 고대인들의 기도터였음을 짐작할 수 있다.

재야 사학자들이 우리 민족의 시원으로 꼽는 장소가 중앙아시아 키르기스스탄에 있는 이식쿨Issykkul 호수다. 천산산맥의 중턱에 위치하고 있으며, 해발 1,609미터에 둘레가 700킬로미터에 이른다. 호수 뒤로 눈 덮인 설산들이 병풍처럼 펼쳐져 있다. 재야 사학자들 중에는 이 이식쿨 호수 부근에 신시神市·난군 신화에서 환웅이 지상에 내려와 건설했다고 전하는 도시가 있었다고 주장하는 이가 많다. 이식쿨 호수는 백두산 천지, 한라산 백록담과 자연 환경 구조가 아주 비슷하다.

왜 우리 민족은 물을 귀하게 여겼을까? 수량이 풍부하여 물

이식쿨 호수는 키르기스스탄 동쪽에 있다. 표면적이 6,236제곱킬로미터에 이르고, 해발 1,609미터에 위치하고 있다. 땅에서 솟는 온천수와 설산의 녹은 물이 수원을 이룬다. 0.6퍼센트 정도의 염분을 품고 있다. 해마다 수량이 줄고 있어 특별 보호 지역으로 지정되었다.

가에서 생활하는 환경에 익숙했기 때문일 것이다. 한반도는 땅덩어리의 70퍼센트가 산악 지역이다. 따지고 보면 산은 하늘로 우뚝 솟은 물탱크다. 골산骨山·바위로 이루어진 산이든 육산肉山·지질이 비교적 무른 암석과 흙으로 이루어진 산이든 나무가 많아서 비가 내릴 때 이 나무들이 물을 품었다가 화창한 날에 내뿜는다. 어느 마을에나 계곡물이 흐르고, 수량과 폭이 만만치 않은 강들이 얽히고설키며 만들어낸 본류와 지류가 온 땅을 촉촉하게 적신다. 통일 신라 시대 이후 한반도로 집결한 우리 민족이 굳이 영토를 확장하려 하지 않은 것도 어쩌면 주변의 황무지처럼 척박해 보이는 땅이 도무지 탐나지 않아서였는지도 모른다.

물의 힘을 믿고 그 에너지를 빌려 염원하던 민족이기에 우리는 앞으로도 물을 귀하게 여겨야 할 것이다. 탁한 물에서 어찌 영적 기운이 나오겠는가. 물을 지키는 것은 자연 환경을 보호하는 동시에 한반도의 기운을 유지하는 일이다.

4 토템이즘과 관상

얼굴에 새겨진 사람의 운명

: 고대인들이 12지신을 숭배한 이유

삼성의 인재 채용에 관여한 박 도사

　반도체 산업이 국가의 명운을 좌우하는 업종이 되었다. 미국과 중국의 패권 경쟁도 누가 앞선 반도체 기술을 선점하는가에서 판가름이 날 형국이다. 우리나라는 반도체 산업에서 우위를 점함으로써 21세기에 다른 나라에 꿀리지 않을 수 있게 되었다. 한반도의 도사들이 우리나라의 미래를 두고 어변성룡魚變成龍이라고 예언했는데, 그 핵심 단초가 반도체이지 않나 하는 생각이 든다. 반도체가 한국을 용으로 만들어주는 단약丹藥이자 불사약不死藥인 것이다.

지금은 SK에 살짝 밀리는 모습을 보이고 있지만, 오랜 시간 한국의 반도체 산업을 대표하는 주자는 삼성이었다. 삼성의 창업주 이병철 곁에는 경남 함양 서상면 출신인 박 도사가 있었다. 그가 이병철 회장의 이판참모 역할을 했던 것이다.

박 도사는 살아생전에, 삼성에서 신입 사원을 채용할 때 자신이 관상과 사주를 보고 채용한 직원의 숫자가 대략 1,800명쯤 된다고 나에게 고백한 적이 있다. 그러면서 이렇게 덧붙였다. "이제 생각하니 그게 잘한 일인지 잘못한 일인지 모르겠어. 그 사람들, 삼성 가지 않았어도 대부분 중소기업 사장은 할 수 있는 재복財福을 타고난 팔자들이었는데, 내가 죄다 월급쟁이로 만들었으니까 말이야." 오늘날 세계적 반도체 기업 삼성의 밑바탕에는 박 도사가 관상과 사주를 보고 채용했던 1,800명 인재들의 피와 땀이 흐르고 있다. 앞서 CEO들은 어느 정도 신기가 있어야 한다고 이야기했는데, 이병철식 영발 경영의 한 축을 박 도사가 담당했던 셈이다.

관상쟁이들은 사람의 얼굴에 나타난 여러 가지 요소로 그 대상의 됨됨이를 파악하고 장차 득이 될 인물인지, 해가 될 인물인지를 판별한다. 하지만 얼굴 그 자체가 평가의 기준은 아니다. 대상의 얼굴에 나타난 기운과, 나 또는 의뢰인의 얼굴에 나타난 기운 사이에 궁합이 어떤지를 보고 판단한다. 같은 기운과 에너지를 가졌어도 어떤 상황에서는 적이 될 수 있고, 또 다른 상황에서는 아군이 될 수도 있다. 이처럼 파트너로서의 대상이 지닌 관상이 아니라, 특정한 인물 그 자체의 기질과 운명에 관한 힌트를 얻고자 할 때는 그의 얼굴이 어떤 동물을 닮았는가를 보고 평가하기도 한다.

동물숭배 사상과 목성의 공전 주기가 결합된 십이지

경주에 있는 김유신 장군 묘지의 둘레돌능과 묘지의 둘레에 쌓아 놓은 돌에는 12지신十二支神이 새겨져 있다. 열두 마리의 동물이다. 자子·축丑·인寅·묘卯·진辰·사巳·오午·미未·신申·유酉·술戌·해亥, 각각 쥐, 소, 호랑이, 토끼, 용, 뱀, 말, 양, 원숭이, 닭, 개, 돼지를 나타낸다. 이 십이지十二支는 한마디로 수호신이라 할 수 있다. 고대인들은 김유신 장군의 사후세계와 영혼을 지켜주는 수호신으로 둘레돌에 이 동물들을 새겨 넣은 것이다.

1만 2,000년 전 유적으로 평가받는 튀르키예의 괴베클리 테페Göbekli Tepe·'배불뚝이 언덕'이라는 뜻에서는 높이 5~6미터 정도 되는 T자형 석조물이 200여 개 발견되었는데, 이들 돌비석에는 사자, 황소, 파충류, 독수리 등의 동물 형상이 새겨져 있다. 왜 동물 모습을 새겨놓았을까? 원시 종교라 할 수 있는 동물숭배 사상, 즉 토템이즘과 관련이 있을 것이다. 괴베클리 테페보다 약 1만 5,000년

경북 경주에 있는 김유신 장군 묘(위)와 튀르키예의 고대 유적 괴베클리 테페(아래). 괴베클리 테페는 신석기 시대의 유적으로, 건설 시기를 기원전 1만 년으로 추정하고 있다. 이는 선사 시대에 관한 기존 상식을 뒤집는 발견이다. 인류가 문명 단계로 들어서기 전인 정주 생활 초기부터 거대 건축물을 짓고 주변에 흩어져 있는 사람들을 불러 모았다는 사실을 보여주기 때문이다.

에서 2만 년 앞서는 프랑스의 쇼베 동굴Grotte de Chauvet 벽에서도 동물 그림이 발견되었는데, 이 역시 석기 시대 사람들이 동물을 영물靈物로 여겼다는 근거로 삼을 수 있다. 김유신 장균 묘의 십이지는 동물을 숭배했던 태곳적 인류의 원시 종교가 신라 시대까지 연결되었음을 보여준다.

또 하나의 의문이 든다. 왜 십이지, 즉 열두 마리일까? 자연 속의 수많은 동물 가운데 왜 열두 종류의 동물만 추려서 수호신 역할을 부여했을까?

12라는 숫자는 인류 문명에서 아주 중요한 의미를 지닌다. 1년은 열두 달이고, 한자 문화권에서는 하루를 12개의 시간 단위로 나누었다여기서도 십이지가 활용된다. 십이시의 첫째 시인 자시(子時)는 오늘날의 시간대로는 밤 11시부터 새벽 1시까지다. 유일신 신앙기독교와 이슬람교 등의 모태가 되는 유대교를 창시한 이스라엘은 12개의 부족으로 이루어져 있었다. 이를 12지파라고 한다. 이러한 모든 사실은 천문天文과 관련이 있다.

태양계에서 항성인 태양을 제외하고 가장 큰 행성이 목성이다. 태양계에 존재하는 모든 행성을 넉넉히 품을 수 있을 만큼이나 크다. 그래서 서양에서는 태양계의 행성들 가운데 목성에 가장 높은 지위를 부여해서 주피터또는 유피테르·Jupiter라고 부른다. 그리스-로마 신화의 최고 우두머리 신인 제우스Zeus의 다른 이름이다.

고대인들의 뛰어난 천문학 지식은 현대 과학의 미스터리로 남아 있다. 망원경이 발명된 것은 불과 400년 전의 일이다. 그런데 아득한 태곳적 인류는 천문을 정확하게 관측하여 일상에서부터 농사, 국가 중대사를 결정하는 판단 기준으로 삼았고, 이를 건축물의 배치에도 적용했다. 고대인들은 오직 육안으로 캄캄한 밤하늘에서 희미하게 빛나는 천체를 올려다보며 태양계의 행성 가운데 목성의 크기가 가장 크고, 따라서 목성이 다른 행성들의 운행 질서에 큰 영향을 미친다는 사실을 알아냈다. 그리고 이 목성의 공전 주기가 12년목성이 태양을 중심으로 한 바퀴 도는 데는 정확하게 11.9년이 걸린다이라는 사실까지도 알아냈다. 이때부터 인류에게 12라는 숫자가 의미를 갖기 시작한 것이다.

동양의 십이지 개념은 인류의 오랜 천문학 지식과 동물숭배 사상이 결합된 산물이다. 팔자八字란 사람이 태어난 연월일시를 나타내는 여덟 글자를 통해 타고난 운수를 판별하는 도구인데, 이때 십이지의 동물들이 지닌 각각의 특성이 중요한 역할을 한다. 지금도 어촌의 협동조합에서 만들어 배포하는 달력에는 음력이 표기되어 있다. 밀물과 썰물의 시간대를 알려면 음력 달력이 더 실용적이다. 그리고 각각의 날짜 밑에는 십이지의 동물이 그려져 있어서 그것을 보는 어촌 주민들은 '오늘은 호랑이 날이구나.', '오늘은 원숭이 날이구나.' 하는 식으로 그날과 자신의 팔자를 연결시켜 약속을 잡거나 어떤 일에 적절히 처신하고는 한다.

나 역시 지난 30년 동안 달력의 십이지 동물 그림을 일상의 주요한 기준으로 삼아왔는데, 임상 경험상 그 효험을 무시할 수 없다는 결론을 내렸다. 나의 경우 100퍼센트 완전히 맞는 것은 아니지만 대략 60~70퍼센트는 참고할 만했다.

동물 관상

월간지와 주간지, 일간지에 글을 기고하다 보면 나이 지긋한 고학력 독자들로부터 압력을 받고는 한다. "거 좀 더 재미있는 것 없소?", "실생활에 팍팍 와닿는 것 좀 써봐요!" 사실 이럴 때 무엇을 써야 하는지 나는 이미 답을 알고 있다.

모든 사람이 인간관계를 맺고 있고, 그 관계에 의해 삶이 흥하기도 하고 망하기도 한다. 사람은 자기 자신이 어떤 존재인지를 먼저 파악해야 하지만 대체로 자아에 대해서는 별 관심이 없다. 나와 관계를 맺고 있거나 맺게 될 타인에 대해서 더 알고 싶어 한다. 대부분의 사람이 자기 성찰보다는 파트너십으로 인해 발생할 손익損益에 관심이 크기 때문이다. 그래서 많은 사람이 알게 모르게 관상을 중시한다. 하지만 관상을 소재로 한 글은 이미 여러 번 썼기 때문에 재탕 삼탕 한다는 욕을 먹을까 봐 조심스럽다. 그러던 중 사진 한 장이 눈에 걸렸다.

방탄소년단BTS의 '아버지' 방시혁이 LA에서 찍힌 사진이었다. 젊은 여자 두 명이 방시혁을 가운데 두고 좌우로 호위하듯이 걸어 가는 장면이었다. 사진 속의 방시혁은 몸이 대단히 비대해서 120~130킬로그램은 족히 나갈 것 같았다. 옆에 선 젊은 두 여인의 노출 수위가 꽤 높아서 더 눈길이 갔다. '아, 방시혁은 지금 이렇게 사는구나.' 뜻밖의 사진 한 장이 많은 상황을 함축적으로 보여 주기도 한다. 그런 측면에서 우연히 찍힌 사진은 무의식이 뽑은 주역의 점괘와 같은 기능을 한다.

LA에서 찍힌 그 사진으로 풀이를 하자면 2가지가 도출된다. 하나는 방시혁이 동물에 비유하자면 하마 관상이라는 것. 하마는 덩치가 매우 크다. 물속에서는 극강의 전투력을 자랑하는 악어도 상대가 안 된다. 하마의 이빨은 사이즈가 대단히 클 뿐 아니라 세균이 득실거려서 이것에 물린 동물은 상처가 쉽게 낫지 않아서 큰 고통에 시달린다고 한다. 가죽도 아주 두껍다. 사자가 물어뜯어도 쉽게 벗겨지지 않는다. 웬만한 맹수의 공격에도 버틸 수 있다.

엔터테인먼트 사업은 오행으로 따지면 '물장사'에 해당한다. 수水 기운이 많은 업종이다. 하마 정도 체격이 되면 글로벌 물장사를 감당할 만하다. 마른 체격 가지고는 한류의 장문인 역할을 버

텨내지 못한다. 팔괘 중에 물을 상징하는 감坎괘를 보면 가운데가 양이고 양쪽으로 음이 배치되어 있다. 사진에 나온 방시혁과 좌우 두 여인의 배치가 주역 감괘의 형상을 하고 있다.

방시혁의 'LA 두 여인' 사진을 보면서 생각나는 인물이 있다. 카카오의 김범수다. 지금 김범수는 SM 주가 조작 사건에 연루되어 구치소에 들어가 있다. 한 사람은 구치소에 있고, 한 사람은 두 여인과 걷고 있다.

김범수는 원숭이 상이다. 원숭이는 지능이 아주 높다. 주특기는 나무 타기다. 이 나뭇가지에서 저 나뭇가지로 뛰어넘는 능력이 탁월하다. 김범수는 카톡이라는 대한민국 대표 IT 아이템을 개발한 뒤로 카카오 페이, 카카오 택시 등으로 사업을 확장했다. 그러다가 엔터테인먼트 영역까지 진출했다. 원숭이가 하마의 영역인 엔터테인먼트 사업의 강물로 뛰어들었다가 하마 이빨에 물린 형국이다. 능력이 아무리 뛰어나도 뛰어들어서는 안 되는 영역이 있기 마련이다. 팔자소관八字所關·타고는 운명으로 인하여 어쩔 수 없이 당하는 일이다.

꿈과 해몽

왜 돼지꿈을 꾸면 재물이 들어오는가?

: 이성 너머의 세계에서 보내오는 메시지

문선명 총재가 꾼 악몽

2009년 1월 초, 갑작스럽게 천정궁天正宮에 가게 되었다. 천정궁은 경기도 가평군 설악면의 장락산해발 630미터 중턱에 자리 잡은 통일교의 본부 건물로, 고故 문선명 총재가 자주 머무르던 곳이다. 건물 전체가 온통 하얀색 대리석으로 되어 있어서 분위기가 매우 독특하고, 미국 국회 의사당처럼 생긴 건물은 돌기둥 하나가 지름 2미터에 육박할 만큼 규모가 크고 압도적이다.

천정궁에 가게 된 이유는 문 총재의 요청 때문이었다. 2002년 대선 당시 대선 주자였던 노무현 후보를 스라소니로, 이회창 후보를 매로, 권영길 후보를 산양으로, 이한동 후보를 황소에 비유해서 쓴 내 글이 화제가 되었는데, 미국에 체류하던 문 총재가 이 동물 관상 기사를 흥미롭게 읽고 내 이름을 기억해두었던 것이다.

내가 보기에 천정궁 터는 매우 기가 셌다. 내가 이 부분에 대해서 이야기하자 문 총재가 이렇게 답했다. "센 편이지요. 그래서 내가 적어도 3년 동안은 여기 자주 머무르면서 기를 눌러주어야 합니다."

문 총재의 말대로 터가 센 곳은 기를 눌러주어야 하는데, 그 방법은 여러 가지다.

첫째는 젊은 학생들 수백 명이 들락거리게 하는 것이다. 그래서 이런 곳에 학교를 만들면 된다. 군인들이 상주해도 좋다. 젊은 기운들이 왔다 갔다 하면서 머무르면 그 센 기운을 여러 사람이 흡수하는 작용이 일어난다. 둘째는 큰 돌탑을 세우거나 연못을 파는 방법이 있다. 이는 불교 사찰을 지으면서 많이 쓰는 방법이다. 셋째는 땅에서 올라오는 지기地氣를 몸으로 흡수할 수 있는 역량을 지닌 고단자가 그 터에 머무르는 방법이다. 고단자는 땅에서 올라오는 지기를 흡수해도 오버하지 않을 만큼 단련이 돼 있는 사람을 가리킨다. 터가 좋지 않은 곳은 사기邪氣나 악령惡靈이 머물러 있는 경우가 있다. 이런 때도 고수가 밤에 잠을 자거나 명상을 하면서 잡도리를 해야 한다. 하지만 잡도리를 제대로 못하면 역逆트

랜스trance·최면이나 히스테리 상황에서 특수한 희열을 느끼는 심리적 상태에 걸려 고수가 오히려 다친다.

문 총재의 말이 이어졌다.

"내가 천정궁 건물을 짓고 이사를 온 뒤에 꿈을 꾸었습니다. 시커먼 먹구름이 이 천정궁 쪽으로 몰려오는 장면이었습니다. 그것을 보면서 무언가 불길한 기운이 오고 있구나 하고 판단했습니다. 그래서 미국 라스베이거스에 집을 하나 샀죠."

먹구름이 몰려오는 꿈과 라스베이거스에 집을 샀다는 이야기 사이에 어떤 연관성이 있는가? 궁금했지만 물어보지 못했다. 자존심이 있으니까. '그런 것도 몰라?' 하고 상대가 반문하는 순간 내 쪽은 대화에서 완전히 을乙로 전락한다. 몰라도 적당히 아는 척하며 다른 주제로 대화를 이어가면서 단서를 찾아야 한다.

더군다나 고수들은 설명을 자세하게 하지 않는다. 마치 점을 찍듯이 한마디씩 툭툭 던지는 화법을 쓰는 경우가 많다. 설명하지 않을뿐더러 논리적인 서술형 화법도 거의 쓰지 않는다. 이 얘기 저 얘기를 하다가 보면 문득 그것들이 그물코처럼 연관을 맺고 있음을 나중에 알게 된다. 사건이 함축하고 있는 다차원과 입체적인 면을 표현하기 위해서는 선가禪家의 횡설수설 화법이 필요한 것이다.

여러 가지 이야기를 나누던 중에 문득 머릿속에 먹구름 꿈과 라스베이거스에 집을 산 일의 연관 관계가 머릿속에 들어왔다.

'그렇구나! 먹구름 꿈이 헬기 추락 사건과 관련이 있는 이야기였구나!'

문 총재는 2008년 7월 19일 탑승하고 있던 헬기가 장락산에 추락하는 사고를 당했다. 보통 헬기가 추락하면 사망하거나 중상을 입을 확률이 90퍼센트를 넘는다. 헬기가 추락할 때는 갑자기 공중에서 수직으로 뚝 떨어지기 때문이다. 그런데 이날 사고에서 문 총재는 죽지 않았을 뿐 아니라 중상을 입지도 않았다.

먹구름이 몰려오는 꿈을 꾸었다면 누구나 그것이 좋지 않은 징조임을 직감할 것이다. 문제는 어떻게 대응할 것인가이다. 문 총재는 그 해법으로 라스베이거스에 집을 샀다. 비보책神補策이다. 라스베이거스는 돈을 따려고 눈에 불을 켠 사람들이 몰려드는 거대한 도박장이다. 게다가 그곳은 건조한 사막 지대에 건설되었다. 입지적 조건과 돈을 향한 욕망이 뭉쳐져서 라스베이거스는 음기陰氣가 침입하기 힘들다. 먹구름이 몰려오는 꿈이 앞날의 불운을 예고한다고 판단한 문 총재는 그 대비책으로 라스베이거스에 집을 사 놓고 한 번씩 도박판을 순례하며 양기陽氣를 흡수했던 것이다.

문 총재처럼 신기가 강한 사람도 먹구름 꿈을 헬기 사고와 연결시키지는 못했다. 그걸 알았다면 아예 헬기에 탑승하지 않았을 테니까. 그러나 라스베이거스에 집을 사는 비보책이 효험을 본 것인지 절체절명의 상황 속에서도 죽음을 면했다.

먹구름 꿈과 헬기 추락 사고와 라스베이거스의 집이 어떤 필연으로 연결되어 있는지 알 수는 없다. 사고가 발생한 2008년에 문 총재는 우리 나이로 89세였다. 위 3가지 요소로 추론하는 것은, 헬기가 추락하는 사고를 겪었음에도 어떻게 89세 노인이 죽지 않고 살아날 수 있었을까 하는 의문에 대한 내 나름의 이해 방식일 뿐이다.

꿈의 종류

낮에 겪은 일들의 많은 부분이 무의식에 저장되고, 밤은 이 무의식을 꿈으로 암시한다. 그리고 그렇게 암시된 상황은 다시 낮에 실현된다. 무의식과 현실은 서로 연결되어 있다. 우리가 행하는 행위와 생각의 많은 부분이 사실은 의식이 아니라 무의식의 영향을 받기 때문이다. 이런 이치를 깨달은 고대의 현자들은 꿈을 허투루 여기지 않았다.

선견몽先見夢은 미래에 일어날 일을 미리 보여주는 꿈이다. 꿈으로 예시豫示하는 것이다. 대체로 꿈에서 일어난 일이 현실에서 똑같이 되풀이되는 경우는 드물다. 대체로 좋은 일을 예고하는 꿈은 상서로운 느낌을 남기고, 안 좋은 일을 경고하는 꿈은 불길한 기운을 남긴다.

앞으로 일어날 일을 꿈으로 예시 받는 경험을 하게 되면 인간은 경건해진다. 인간의 상식과 이성과 감각으로 감지할 수 있는 영역 너머에 다른 세계가 있다는 체험을 하면 종교적 신앙심과 우주에 대한 신비감이 생기지 않을 수 없다.

앞서 꿈속에서 일단의 노인들로부터 전봇대 절반만 한 붓을 받는 꿈을 꾸고 오래지 않아 쓴 책인 『5백 년 내력의 명문가 이야기』가 대박을 친 이야기를 했다. 지금 생각해보면 내가 탐방했던 고택에서 살았던 조상의 혼령들이 내게 붓을 준 것이 아닌가 싶다.

성경의 구약에도 요셉의 꿈 이야기가 나온다. 7년은 풍년이 들고, 그다음 7년은 흉년이 든다는 그 꿈 말이다. 이집트 파라오가 요상한 꿈을 꾸고 그 의미를 몰랐는데, 요셉이 그 꿈의 의미를 정확하게 해석한다. 그 대가로 요셉은 노예 신분에서 벗어나 오늘날로 치면 총리 자리까지 오른다. 고대 유대인들의 전통에서 꿈이 차지하는 비중이 컸음을 알 수 있는 대목이다. 그러니까 구약에 기록해놓은 것 아니겠는가. 이러한 선견몽은 국가적 차원의 예언에 해당한다.

꿈에는 영지몽靈地夢도 있다. 기가 뭉쳐 있는 곳에 가거나 머무르면 꾸게 되는 특이한 꿈이다.

인도의 중부 지역에 용수龍樹·2세기 무렵의 승려인 나가르주나

(Nagarjuna)의 한자식 표현이다. 용수보살이라고도 한다가 태어난 나가르주나 콘다라는 동네가 있다. 지금은 댐을 건설하는 바람에 배를 타고 들어가야 한다. 용수는 붓다에 이어 대승 불교의 철학적 기반을 세운 대사상가이자 도인이었다. 그가 쓴 『중론中論』은 공空 사상을 설파한 책으로, 불교 철학의 깊고 오묘함을 알게 해주는 명저다.

용수가 태어난 마을에 가니 커다란 우물이 있었다. 용수가 그 우물에서 태어났다는 전설도 있었다. 지름이 20미터, 깊이가 30미터쯤 되어 보이는 커다란 우물이었다. 돌계단이 설치되어 있어서 계단을 따라 우물 바닥까지 내려갈 수 있었다. 언뜻 보기에도 비범한 장소여서 한참 동안 바닥에 앉아 있다가 나왔다.

그날 밤에 숙소에 돌아가 잠이 들었다가 꿈을 꾸었다. 용처럼 보이는 커다랗고 흰 뱀이 나의 몸을 칭칭 휘감는 꿈이었다. 그런데 우습게도 나는 그 흰 뱀의 중간 지점을 이로 물어뜯어 먹었다. 장어구이를 씹는 그런 느낌이었다. 산스크리트어로 '나가르주나'는 큰 뱀이라는 뜻이다. 이 이름에 걸맞게 그 우물터에 커다란 용의 기운이 감싸고 있었던 것이다. 우연하게도 그 터에 그런 기운이 서려 있음을 꿈을 통해 감지하게 된 셈이었다. 지기가 뭉쳐 있는 영험한 터에 가면 꿈을 꾸는 수가 있다. 이런 꿈을 꾸면 영지靈地에 관심이 가지 않을 수가 없게 된다.

돼지꿈이 재물몽인 이유

　선견몽과 영지몽 외에도 여러 가지 꿈이 있다. 전생몽前生夢은 꿈을 꾸는 사람의 전생 모습을 보여준다. 천상몽天上夢은 천상 세계의 모습을 보여주는 꿈이다. 사대불화몽四大不和夢도 있는데, 여기서 말하는 사대四大란 세상을 구성하는 네 가지 요소를 일컫는다. 이 네 가지 요소가 서로 조화를 이루지 못한다[不和]는 말은 꿈의 내용에 맥락이 없다는 뜻이다. 한마디로 '개꿈'이다. 재물몽財物夢도 있다. 말 그대로 수중에 재물이 들어올 운을 예고하는 꿈이다. 우리나라에서는 보통 돼지꿈을 재물몽으로 본다. 그런데 왜 우리는 꿈에 돼지를 보면 재물이 들어온다고 해석하게 되었을까? 이것이 오랜 의문이었는데, 우연한 기회에 그 비밀을 알게 되었다.

　중국 남부 지역을 여행할 때였다. 이 지역의 가옥 구조는 대체로 2층 목조木造로, 2층에는 사람이 살고 텅 비다시피 한 1층에는 돼지를 키우는 형태였다. 사람이 2층에 살면 1층에 사는 것보다 위치가 높아서 동물들의 습격으로부터 안전하다는 장점이 있다. 그러나 뱀이 문제다. 뱀은 기둥을 타고 2층까지 올라올 수 있다. 그런데 뱀을 기막히게 처리하는 가축이 바로 돼지다. 돼지의 두툼한 살이 방탄조끼 역할을 해서 뱀이 물어도 피해를 입지 않는다. 뱀이 나타나면 옳다구나 하고 국수 가락 넘기듯이 후루룩 삼켜버린

오늘날에도 동남아시아 지역에는 1.5층 구조로 된 목조 가옥이 많다. 마당이라 할 수 있는 공간에는 개, 돼지, 닭이 자유롭게 돌아다니는데, 이 가축들이 주변 숲에서 들이닥치는 사나운 짐승을 퇴치하는 역할을 한다. 우리나라의 제주도에서는 1990년까지 '통시'라고 불리는 화장실을 사용했는데, 이 화장실은 집 바깥에 위치한 개방형이었다. 사람이 이곳에서 볼일을 보면 돼지가 와서 변을 먹어치웠다. 그래서 이 돼지들을 '똥돼지'라고 불렸다.

다. 더군다나 돼지는 잡식성이다. 사람이 먹다 남긴 온갖 음식 찌꺼기를 처리한다. 음식 쓰레기 때문에 파리가 날릴 일이 줄어든다. 심지어 인간의 대변까지 먹어치운다. 돼지가 위생까지 담당하는 셈이다. 그뿐인가? 돼지 한 마리 잡으면 온 마을이 축제를 즐길 수 있다. 허기진 배를 채울 뿐 아니라 동물성 단백질을 섭취해서 영양

부족을 해소할 수 있다.

이런 상황을 목격하면서 퍼뜩 떠오르는 한자가 있었다. '집 가 家'다. 지붕을 뜻하는 '집 면宀' 아래에 '돼지 시豕'가 있다. 한자 문화권의 고대 사회에서 집집마다 돼지를 키웠던 생활상이 글자에 반영된 것이다.

심리학자 카를 구스타프 융1875~1961·분석 심리학의 기초를 세웠고, 특히 개인과 집단 무의식의 원형을 신화와 민화에서 찾으려 했다의 말대로 인간의 삶이 무의식을 실현하는 과정이라고 한다면, 중국과 한국을 비롯한 동아시아 지역 사람들의 집단 무의식에는 돼지가 풍요의 상징으로 깊이 박혀 있는 셈이다. 현대에 이르러 돼지는 재물로 번역되었다. 이제는 많이 먹어서 배가 부른 것이 아니라, 돈이 많으면 배가 부르다. 돼지꿈은 적어도 수천 년간 집 안에 돼지를 키웠던 문화적 관습이 무의식에 축적되어 있다가 꿈으로 발현된 것으로 해석할 수 있다.

그렇다면 실제로 돼지꿈을 꾸고 횡재했다는 사람들의 사례는 어떻게 보아야 할까? 꿈에 돼지가 나온다는 건 그만큼 풍요와 재물을 향한 갈망이 강하다는 것으로 볼 수 있다. 무의식에 잠재된 욕망이 돼지라는 상징으로 꿈에서 구현된 것이다. 그리고 어떤 것에든 정신을 집중하고 몰두하면 최소한 그 근처에는 가기 마련이다. 하지만 그렇다고 너무 재물과 횡재에 몰두하지는 말기를. 하나를 추구하면 다른 하나를 잃게 되는 것이 이치다. 음양설陰陽說이 우리에게 주는 가르침이다.

내공	나를 더 단단하게 만드는 공부
인생의 단계	조기 유학과 소년등과가 사람을 망친다
후계 교육	부자가 3대 안 가는 이유
팔자 고치는 방법	운수대통을 만드는 일상의 작은 실천
요가와 맨발 걷기	막힌 혈맥을 뚫어주는 운동과 자세

Chapter 4

팔자 고치려면 이렇게 하라

1 내공

나를 더 단단하게 만드는 공부

: 삶의 시간 앞에서 의연해지는 방법

'악플'이라는 현대의 저승사자

근래 몇 년 사이에 여러 명의 연예인들이 안타까운 선택을 하고 우리 곁을 떠났다. 이들의 죽음 이면에는 여러 가지 원인이 있지만, 그중에 '악플인터넷상에 퍼지는 악성 댓글. 악(惡)과 영어 reply의 합성어다'이 큰 비중을 차지했음을 누구나 안다. 힘겨운 시간을 겪고 있는 이에게 비난과 욕설, 왜곡되고 조작된 가짜 뉴스 등으로 테러를 가하는 것은 '죽어라, 죽어라!' 하고 벼랑에 선 이의 등을 떠미는 것과 마찬가지로 잔인한 행위다. 악플이 디지털 시대의 저승사자로 군림하고 있다.

악플이 무서운 이유는 인간의 사회적 욕구, 즉 세상으로부터 인정받고 싶은 인정 욕구를 거세해버리기 때문이다. 인간의 욕망은 크게 생물학적 욕망과 사회적 욕망으로 구성되어 있다. 생물학적 욕망을 대표하는 욕구가 음식남녀飮食男女를 향한 욕망, 즉 식욕食慾과 성욕性慾이다. 어느 누구도 이 욕망과 욕구가 솟아나는 것을 막을 수 없고, 가로막는 것 자체도 불가능하다. 사회적 욕망은 세상으로부터 인정받고 싶은 마음이다. 출세하여 이름을 얻고 싶거나, 소박하게는 하나의 인격체로서 존중받고 싶은 욕구다. 사회와 타인으로부터 인정을 받으면 생물학적 욕구를 충족시킬 수 있다는 점에서 두 영역은 서로 연동되어 있다.

연예인은 이른 나이에 빠른 속도로 인정 욕구를 충족시킬 수 있는 특수한 직업이다. 연예인의 성공 척도는 타인으로부터 인정받는 것으로, 박수를 받는 것으로, 팬을 확보하는 것으로, 그리고 그로 인해 활동 영역이 넓어지는 것으로 평가된다. 그리고 이러한 성공을 유지하기 위해서는 대중에게 긍정적인 이미지를 주는 것이 매우 중요하다.

이런 상황에서 악성 댓글로 인해 여론이 악화되면, 연예인은 치명적인 타격을 입을 수밖에 없다. 물론 탄탄대로를 달릴 때는 팬층이 두터워서 그쯤 악성 댓글 몇 개쯤이야 무지막지한 선플선(善)과 reply의 합성어 세례로 덮어버리면 그만이다. 악플이 힘을 발휘하는 때는 대상의 입지가 흔들릴 때다. 긴가민가하는 상황에서 어느 한쪽에서 불꽃을 튀기면 군중 심리는 우르르 그쪽으로 몰리기 마련이다. 이런 식으로 여론은 급속도로 악화된다. 악플에 악플이 더해져서 사람을 벼랑 끝으로 내몬다. 휴대폰과 컴퓨터, 인터넷으로 서로가 엮인 사회에서 댓글이 인정 욕구의 목줄을 쥐고 있는 셈이다.

더군다나 대중의 주목을 받는 연예인은 대부분이 20~30대의 젊은이다. 악플을 감당할 수 있는 내공內功이 부족할 나이다. 감당할 수 있는 내공에 비해 사회로부터 과도한 인정을 받으며 위가 무거워진 가분수 상태에서는 경우에 따라 쉽게 무너질 수 있다.

때로는 자신을 세상에서 격리하라

이런 생각이 든다. 혹시 악플을 견디다 못한 이들이 그처럼 비극적인 선택을 한 것이 일종의 세상을 향한 응징은 아니었을까? 자신을 무너뜨린 세상을 향해 죽음이라는 초강수를 둠으로써 충격을 가하는 방식으로 나름의 복수를 한 것은 아닐까?

안타깝게도 그 충격은 그를 사랑했던 사람의 몫일 뿐이다. 어쩌면 악플을 달았던 이들 중에 자책감을 느끼고 자신의 그릇된 행위를 반성한 사람이 있을지도 모른다. 하지만 애초에 벼랑에 내

몰린 사람을 더욱 깊은 구렁텅이로 내모는 일에 희열을 느낀 사람은 예기치 못한 상황에 잠깐 놀랄망정 자신의 악행을 멈추지 못한다. 의학자들은 타인을 괴롭히고 갑질을 할 때 마약을 하는 것과 같은 상태에 빠진다고 설명한다. 강력한 자극에 중독된 이는 도파민의 노예 상태에 있기 때문에 장기적이고 체계적인 치료를 받지 않는 한 자신의 행위에 죄의식을 느끼지 못하고, 그래서 멈출 수도 없다.

익명의 군중 속에 숨은 채 타인에게 린치를 가할 수 있는 환경이 갖추어진 이 디지털 시대에는 연예인을 비롯한 공인公人뿐 아니라 누구라도 악플과 조직적 비난의 대상이 될 수 있다. 실제로 학생과 교사들이 집단 사이버 린치를 견디지 못해 스스로 목숨을 끊는 일이 비일비재하며, 직장과 단체 등의 조직에서도 유사한 일이 반복되고 있다. 그리고 이러한 비극을 겪는 이들의 대부분이 아직 꽃을 피우지도 못한 세대라는 사실은 우리의 마음을 더욱 아프게 한다.

그렇다면 악플이나 집단의 따돌림 등을 견딜 수 있는 방도가 없을까? 인정 욕구를 붕괴시킬 뿐 아니라 내가 속한 세계로부터 고립되는 상황을 이겨내기 위해서는 어떻게 해야 할까? 다른 방도가 없다. 스스로 목숨을 끊는 초강수로도 타인을 괴롭히는 이들은 충격을 먹거나 교화될 여지가 별로 없기에 견디는 수밖에 없다. 견

다기 위해서는 내공을 길러야 한다. 내면의 힘을 쌓아야 한다.

한 가지 주문을 알려드리겠다.

독립불구 둔세무민 獨立不懼 遯世無悶!

『주역』에 나오는 글귀로 '혼자 있어도 두렵지 않고 세상과 떨어져 있어도 근심이 없다'는 뜻이다. 조선 시대의 학자이자 관리였던 이식1584~1647·주로 인조 때 활동했으며 후대에 의해 명신(名臣)으로 추앙받았다 선생이 가장 애송했던 문구이고, 나도 『주역』에서 가장 좋아하는 문구다.

독립불구 둔세무민을 훈련하는 방법은 산속에서 혼자 텐트 치고 머무르는 것이다. 그저 들려오는 새소리와 물소리에 귀 기울이고 흘러가는 구름을 올려다보며 바람에 흔들리는 나뭇잎을 느끼고 때때로 산봉우리에 넋을 놓자. 세상으로부터 스스로를 격리하고, 홀로 있음에 익숙해지자. 아등바등 치고받는 저 도시의 혼탁함에서 멀리 떨어져 혼자 시간을 보내자. 처음에는 2~3일 정도 머무르다가 익숙해지면 차츰 시간을 늘려서 일주일까지 견뎌보자. 그러면 저 악귀 같은 악플러들과 남 괴롭히기 좋아하는 이들의 집착이 가소로워지는 때가 찾아온다. 그렇게 조금씩 내공을 채우고 다지는 것이다.

더 센 방법은 사막을 여행하는 것이다. 사막은 아무것도 없고 시간마저 정지된 절대 무無의 공간이다. 밤하늘에 흐드러진 별들은 신비로움 그 자체다. 그런 곳에 있으면 세상사가 하찮게 여겨진다. 나 역시 이란의 사막에 가서 며칠 있는 동안 사회독社會毒이 빠져나가는 것을 느꼈다.

때를 기다릴 줄 아는 내공

세상을 살아가면서 내공을 기르는 것 못지않게 중요한 것이 적절한 때를 아는 것이다. 나 자신이 아직 실력을 선보일 만큼 무르익지 않았는데, 기회가 찾아왔다고 해서 섣불리 나서는 것은 아무런 장비도 갖추지 않고 벌거벗은 채 싸움터에 나가는 것과 마찬가지다. 일찌감치 많은 사람의 인정을 받고 남보다 빨리 높은 자리에 오른다 해도 결국에는 밑천이 떨어지고 바닥이 드러나게 된다. 그러니 나설 때와 기다릴 때를 가려 현명하게 처신해야 한다.

번개라고 해서 다 같은 번개가 아니다. 봄에 치는 번개, 가을에 치는 번개의 역할이 다르다. 자연의 이치를 아는 사람은 번개를 세분할 줄 안다. 어떤 현상과 대상을 세분할 줄 알아야 전문가다. 번개의 비밀에 대해서 문자로 밝혀놓은 인물이 대만 장제스[蔣介石

(장개석)] 정권의 국사를 지냈던 남회근앞에서 『참동계 강의』라는 책의 저자로 소개한 바 있다이다. 역대 도사들의 무림 비급을 전수받은 인물이다. 그에 의하면 중국 도사들은 번개를 아주 중시했다.

중국 도사들은 천둥벼락이 지상을 때리면 수십 톤의 비료가 생겨난다고 여겼다. 비료? 농경 사회에서는 비료가 있어야 작물을 키울 수 있다. 봄에 벼락이 내리치면 땅속에 있던 벌레들이 밖으로 기어 나온다. 벼락이 땅을 때릴 때 충격을 먹은 벌레들이 반쯤 정신이 나간 상태에 있을 때 농부들이 소를 끌고 쟁기질을 하거나 호미를 들고 밭일을 한다. 벌레들은 곧장 거름이 되고 비료가 된다. 이런 이치로 봄 농사는 벼락이 치는 시점에서 시작되어야 한다고 보았다.

봄에 벼락이 땅을 내려치는 상태를 표시한 『주역』의 괘가 지뢰복地雷復 괘다. 위에는 땅이 있고 그 땅 밑에 천둥벼락이 있는 형국을 가리킨다. 땅속에 천둥벼락이 울리면 바야흐로 양기가 흐르기 시작한다. 땅이 양기를 회복하는 것이다. 『주역』의 괘는 자연현상을 철저하게 관찰한 결과를 보여준다. 아울러 계절의 변화를 알려주는 달력 기능도 장착되어 있다.

천둥번개는 땅속에만 있는 것이 아니다. 연못 밑에 있을 수도 있다. 이것이 택뢰수澤雷隨 괘다. 64괘 중에 17번째다. 연못이나 호수 밑에 뇌성벽력雷聲霹靂이 울리면 어떻게 되는가? 택뢰수에서 수

隨는 '따르다'라는 뜻이다. 따른다는 말에는 잘났다고 설치지 말고 타이밍을 기다릴 줄 알아야 한다는 메시지가 함축되어 있다.

중국 산시성의 시안[西安(서안)] 부근에 있는 종남산에 2,000년 된 역사를 자랑하는 도관인 누관대樓觀臺가 있다. 이 누관대의 장문인에게 『주역』의 괘를 잘 뽑는 영발이 있었다. 25년여 전 내가 누관대를 방문했을 때 이 장문인이 나의 관상을 살피고 목소리를 듣고는 그 자리에서 뽑아준 괘가 택뢰수 괘였다. 짐작컨대 내 눈매를 택澤·연못으로 보고 목소리를 뇌雷·천둥번개로 파악한 것 같다. 결국 그가 건넨 메시지는 지금 움직이지 말고 조금 기다리라는 내용이었다. 네 목소리가 쩌렁쩌렁하므로 바로 나서면 세상과 부닥칠 수 있다, 그러니 조금 더 여물어라! 굽힐 줄 아는 겸손을 채워야 한다, 여물기 위해서는 시간이 더 필요하다!

택뢰수 괘 하나만 뽑아주었을 뿐인데, 그 안에는 여러 차원의 다층적인 충고가 내장되어 있었다. 타이밍이 무르익기 전에 먼저 서둘러 세상에 나갔다가 낭패 보는 경우가 어디 한둘인가. 남보다 뒤처지는 것을 두려워하지 않고, 내 것이 아닌 것을 탐하지 않으며, 스스로 무르익지 않았음을 알고 기다릴 줄 아는 의연함은 그 자체로 1갑자 내공60년간 수련하여 쌓은 내공이나 진배없다.

덥석 삼켰더니 독이더라

대부분의 사람이 찾아온 기회를 놓치지 말라고 말한다. 인생에 기회가 찾아오는 일이 드문데, 어찌 그 귀한 기회를 놓칠 수 있느냐고. 하지만 호기好機처럼 보이는 일이 사실은 인생을 구렁텅이로 몰아넣는 최악의 함정일 수 있음을 알아야 한다. 내가 바친 노력과 희생을 넘어서는 값어치를 지닌 어떤 것을 덥석 물었다가 패가망신하는 경우가 비일비재하다.

왕과 조정이 여러 차례 벼슬을 내렸어도 끝끝내 거부하고 재야에서 후학 양성에만 힘썼던 조선 시대의 학자 조식1501~1572. 그가 지리산 천왕봉 아래의 산천재로 가기 전 고향인 합천 삼가에서 살 때 뇌룡정雷龍亭이라는 정자를 지었다. 뇌룡정이라……. 나는 이 정자에 택뢰수 괘의 의미가 담겨 있다고 해석한다. 용이 아직 물 밑에 있는 상태. 물 밑에 있는 용은 아직 활동할 때가 아니다. 조금 더 기다려야 한다. 잠룡潛龍은 물용勿用·'쓰지 않다'라는 뜻이라는 말이 있다. 삼가에 뇌룡정을 지어놓고 조식은 세상을 지켜보면서 타이밍을 재고 있었던 건 아닐까?

『주역』의 괘 중에 천둥벼락이 하늘 위에 있는 형국을 표현한 것이 있다. 34번째인 뇌천대장雷天大壯 괘다. 벼락이 물 밑이나 땅속에 있지 않고 하늘 위에 있으니 그 위력이 얼마나 대단할까. 이때가 닥치면 어떻게 해야 하나?

『주역』에서는 100퍼센트 돌격하라는 메시지가 없다. 위력이 충천할 때도 조심할 필요가 있다고 충고한다. 그 충고의 핵심은 '비례불리非禮不履'다. 예가 아니면 밟지 말라는 뜻이다. 예는 법과 규정 그리고 관습이다. 법과 규정, 관습에 어긋나면 하지 말아야 한다. 비례불언非禮不言. 예가 아니면 말도 하지 말라. 비례부동非禮不動. 예가 아니면 움직이지 말라.

충청도 괴산에 가면 화양계곡이 있다. 계곡의 바위와 물이 아주 아름다운 풍경을 연출하는 곳이다. 이 계곡의 물이 꺾어지고 바위가 좋은 터에 송시열1607~1689이 공부하기 위해 세워놓은 정자가 있다. 암서재巖棲齋다. 집채보다 커다란 바위 위에 놓여 있다. 딱 보기에도 아주 풍류가 느껴지는 좋은 터다. 하지만 보기에는 좋지만 기가 센 터라는 것을 알 수 있다. 송시열이 추진력이 강한 기질의 소유자였음을 보여주는 입지 선정이다. 보통은 이렇게 큰 바위는 피하는 법이다.

이 암서재가 앉은 바위에 非禮不動비례부동이라고 새겨져 있다. 예가 아니면 움직이지 말라! 강력한 기운이 뿜어져 나오는 암서재 같은 터에 있다 보면 기운이 뻗쳐서 돌격하다가 죽는 수가 있다. 미적거리다 일을 망치는 수도 있지만, 무리수를 두다가 해를 입는 경우가 더 많다. 예를 지키는 것이 필수다. 물론 송시열이 살

암서재. 송시열이 정계에서 물러나 은거할 때 지었다. 이곳에서 학문을 닦고 후학을 양성했다. 1666년 8월에 완공했다는 기록이 있다. 절벽 위에 위치하고 있으며, 주변에 노송이 울창하고 아래로 맑은 물이 흘러 경치가 일품이다.

던 당대의 최고 정치 이슈는 예송논쟁禮訟論爭·조선 현종대에 왕의 정통성과 예법을 두고 서인 세력과 남인 세력 사이에 벌어진 2차례의 정치적 갈등이었다. 예법을 놓고 싸우는 중이어서 특히나 예를 강조하고 조심할 필요가 있어서 바위에 그런 글씨를 새겨놓은 게 아닌가 싶다.

뇌천대장 괘에서 또 하나 충고하는 것이 '저양抵羊이 촉번觸藩하야 이기각羸其角이로다'라는 대목이다. '뿔이 있는 숫양이 가시나무 울타리를 들이받아 그 뿔이 걸려 있다'는 뜻으로, 이러지도 저러지도 못하는 상태를 일컫는다. 숫양은 빠꾸를 모른다. 무조건 돌진이다. 탱자나무 울타리를 들이받으면 어떻게 되겠는가? 가지와 뿌리가 엉켜서 빼도 박도 못하는 상황에 처한다.『주역』의 괘에 담긴 메시지는 잘나가는 사람은 조심하고, 못 나가는 사람은 때를 기다리라는 내용으로 요약할 수 있다.

『주역』의 가르침에 특히 귀를 기울여야 하는 무리가 정치인들과 공직자들이다. 부덕한 리더가 권력을 잡으면 마치 전리품을 나누어주듯 자신을 도운 아랫사람에게 직책을 주는 경우가 있다. 그러다 보니 도무지 자리에 어울리지 않거나 업무 수행 능력이 없는 이가 엉뚱한 직책을 꿰차기도 한다. 하지만 그 결말은 항상 좋지 않다. 자기 자리가 아니면 피하는 것이 상책이다. 괜히 덥석 물었다가 패가망신한다. 예가 아니면 밟지 않고, 말하지 않으며, 움직이지 않는 것이야말로 세상을 살아가는 가장 현명한 처사다. 이러한 이치를 알고 행하는 것이 곧 내공이다.

인생의 단계

조기 유학과 소년등과가 사람을 망친다

: 삶의 과정을 제대로 밟지 않으면 일어나는 일

선천적인 것과 후천적인 것

사람이 교육을 통해 자신의 팔자를 고칠 수 있을까? 교육을 받으면 사람이 타고난 성정性情을 바꿀 수 있을까? 사실 나는 여기에 대해서 회의적이다. 교육의 효용과 필요성을 폄하하려는 것이 아니라, 사람이 타고난 팔자와 성정이 그만큼 단단하다는 이야기를 하려는 것이다.

사람이 타고나는 자질과 성품은 어떻게 결정되는 걸까? 불교식으로 이야기하자면 '전생 성적표'라고 할 수 있다. 전생에 무엇을 어떻게 했는가에 따라 이생에서 누릴 수 있는 삶의 범위와 성질이 결정되는 것이다. 전생의 업業은 아주 강력하기 때문에 현생에도 지대한 영향을 미친다. 몇 생이 지나도 그 잔재는 남는다. 물론 불교의 관점에서 그렇다는 이야기다.

나는 선천적으로 타고나는 부분이 90퍼센트 정도이고, 후천적인 교육을 통해서 습득하거나 변화하는 부분이 10퍼센트 정도 된다고 본다. 9 대 1. 교육을 한다고 해서 인간이 총체적으로 변하는 것은 아니다. 타고난 부분이 그만큼 크다.

여기에 변수가 있다. 한번 죽었다가 살아나거나 피·땀·눈물을 몇 바가지 흘리며 고생하면 이 비율이 조금은 변한다. 7대 3이나 6 대 4 정도로.

내가 칼럼니스트라는 직업을 갖게 된 것 역시 팔자소관이다. 글 쓰는 재능을 타고났다는 말이 아니라, 팔자를 그렇게 타고났다는 말이다. 학교 다닐 때 딱히 공부를 잘했던 것도, 어릴 때부터 글짓기에 소질이 있었던 것도 아니다. 그러다 대학원 진학해서 박사과정을 밟을 때부터 논문을 써야만 했다. 논문을 완성하지 못하면 졸업도 못하고 학위도 받을 수가 없기 때문이었다. 발등에 불이 떨어지니까 학교 연구실에서 매일 새벽 2~3시까지 자료를 찾고 논문을 썼다. 언제까지 써야 한다는 마감 시간도 정해져 있었다. 그렇게 3~4년 고생하면서 글 쓰는 문리文理를 터득했다. 그때 혹독한 논문 작성 과정을 겪지 않았더라면 나는 글을 쓰면서 먹고살지 못했을 것이다. 물론 이게 잘된 일인지, 안된 일인지는 모르겠다.

어쨌든 나는 글을 쓰면서 살기까지 박사 과정이라는 교육이 필요했다. 좀 더 거시적으로 보면 박사 과정에 들어가서 논문을 쓰게 된 것도 팔자소관이라고 할 수 있다. 팔자에 '글'이 들어 있으면 우연히 박사 과정에도 들어가게 되고, 그래서 글을 쓸 수밖에 없는 현실에 처하게 된다. 노력을 하지 않을 수 없는 상황으로 진입하는 것이다. 전생의 카르마karma·업는 알 수가 없으니 내가 이렇게 된 건 현생의 교육과 노력이 작동했다고 여기는 것이 보다 현실적인 인식일 것이다.

한때 부유층에서는 조기 유학이 크게 유행했다. 그걸 보고 중산층 가정이 따라하다가 가랑이 찢어지고 가정이 파탄 나는 경우도 보았다. 지금도 기러기 아빠들이 부지기수인데, 대체로 그들 가정의 끝이 좋지 않다. 교육이라는 것이 반드시 학교와 학습 시스템의 틀 안에서만 이루어지는 것이 아닌데, 우리나라 부모들 가운데는 아직도 아이가 책상 앞에 앉아 있어야만 안심하는 이들이 많다. 그것도 모자라서 일찌감치 아이를 외국에 보내는 걸 부모의 역할을 다하는 것이라고 착각하는 사람도 많다. 아이를 내 품에 감싸 안으며 다른 사람들과 함께 어울려 살아가는 방법을 가르치는 것이 진짜 교육이라는 사실을 많은 이들이 망각하고 있다.

조기 유학의 문제점

이미 앞선 '썰'에서 눈치를 챘겠지만, 나는 조기 유학에 반대하는 편이다. 굳이 외국에서 공부를 시키려 한다면, 한 사람의 정체성이 어느 정도 형성된 뒤에 유학을 보내는 것이 좋다고 생각한다. 한국인으로서 한국 문화에 대한 정체성이 형성되려면 적어도 한국에서 고등학교는 졸업해야 한다. 대학에 다닐 나이부터는 외국에 유학을 가도 좋지만, 그전인 십 대 초중반은 너무 이른 시기다. 심지어 유치원에도 안 들어간 아이를 외국에 보내는 부모도 있다.

십 대 초반에 미국에 가서 중·고등학교와 대학교까지 다닌 뒤 한국에 돌아온 사람과 대화할 기회가 있었다. 솔직한 내 평가로 그는 한국 사람도 아니고, 그렇다고 미국 사람도 아니었다. 보통 말하고 밥 먹을 때는 한국 사람 같은데, 결정적인 행동을 할 때는 미국 사람으로 돌변했다. 그런 순간에 그는 일부러 '나는 한국인이 아니오'라는 인상을 주변에 강하게 풍겼다. 미국인이 되어야만 유리한 상황에서 갑자기 국적을 바꾸어버린 것이다.

미국 사람처럼 행동하면 미국 사회의 구성원으로 제대로 인정받을 수 있을까? 어려운 일이다. 생김새와 피부색이 다르다는 점이 작용한다. 백인 주류 사회에 아시아 유색 인종이 낄 자리는 없다. 같이 학교에 다니는 건 용인되지만, 직장 생활과 사회생활에서는 심심찮게 인종 차별의 벽이 작동한다. 인종 문제에 관대해 보이는 백인이라 하더라도 어느 한쪽을 택해야 하는 순간에는 어쩔 수 없이 자신과 같은 인종의 편에 서게 된다. 유럽의 백인이 미국으로 이민 가서 20~30년 살면 미국인으로 인정받지만, 아시아인은 미국에서 태어났어도 주류 사회 진입이 어렵다.

미국과 캐나다, 유럽 쪽으로 조기 유학을 간 한국인이 겪는 또 하나의 결정적인 문제는 한국인으로서 갖추어야 할 전통 예법과 문화적 교양을 익힐 기회를 갖지 못한다는 점이다. 청소년기까지 한국에서 살면 그나마 어른 대하는 법이나 최소한의 효孝, 하다못해 부모 따라 성묘를 다니면서 조상 묏자리가 어디에 있는지 정도는 알게 된다. 그러나 조기 유학을 떠나 10년가량 외국에 살면 이러한 전통 문화와는 담을 쌓게 된다. 서구인이 가진 아시아에 대한 우월감을 습득하고 와서는 한국의 유교 문화를 미개하다고 깔보기까지 한다. 제사와 성묘를 미신이자 불필요한 문화로 여긴다. 외국에서 공부하고 돌아온 자손이 여기저기 흩어져 있는 조상 묏자리를 포클레인으로 죄다 파내서 도로 옆의 편리한 장소에다 한꺼번에 모아놓는 경우도 여러 번 목격했다. 내가 아는 지관은 그런 상황에서 포클레인 뒤를 따라다니면서 묘를 파낸 자리에다 자기 집안의 묘를 썼다. 그 묏자리에 에너지가 남아 있기 때문이다.

'조기 유학 열풍으로 인해 한국적 유교 문화가 해체된다'는 이야기를 하고 싶은 게 아니다. 시대의 흐름에 따른 변화가 어쩔 수 없다면 받아들여야 할 것이다. 하지만 사람은 자신의 뿌리에 대한 경외감을 가져야 바로 설 수 있다. 나보다 앞선 선조들을 존중해야만 나 역시 존중받을 수 있는 것이다.

그리고 또 한 가지. 사람은 누구나 반드시 거쳐야만 하는 삶의 단계와 과정이 있다. 어릴 때는 다른 아이들과 어울리며 함께 사는 법을 배우고, 조금씩 나이를 먹으면서 내가 무엇을 하며 어떤 사람으로 살 것인지를 깨달아나가야 한다. 그 단계와 과정을 건너뛰고 속성으로 출세와 성공에 이르겠다는 생각은 뱃속에 든 알을 꺼내려고 거위의 배를 가르는 것과 마찬가지로 어리석은 일이다. 어른의 조급함이 아이의 인생을 망치고 있지는 않은지 생각해 보아야 한다.

소년등과가 가져오는 불행

십 대 후반이나 이십 대 초반의 비교적 어린 나이에 과거 시험에 합격하는 경우를 두고 '소년등과少年登科'라고 불렀다. 오늘날에도 대학을 졸업하기 전에 고시에 합격하는 일을 두고 역시 소년등과라고 부른다. 주로 법학과에서 이런 일이 일어난다. 천재 소리 들으며 많은 사람의 부러움을 산다. 이공계에서도 재학생 시절에 기똥찬 프로그램이나 앱을 개발해서 대박을 터뜨리면 비슷한 대접을 받는다.

그런데 이렇게 빨리 출세하고 성공하는 것이 과연 그 사람에게 좋은 일일까? 내가 생각하기에는 그렇지 않다. 남보다 두세 단계 앞지르느라 건너뛴 삶의 시간으로 인해 문제를 겪을 수 있다.

첫 번째는 다른 사람을 우습게 보는 습관이 생긴다는 점이다. '나는 전광석화인데 왜 세상 사람들은 저리도 머리가 아둔할까?' 이런 생각을 갖게 되면 다른 사람을 지적하는 버릇이 생긴다. 그리고 어떤 사람을 쉽게 평가한다. 지적 많이 하고 사람에 대해서 속단하는데, 다른 사람들이 좋아할 리 없다. 그래서 적이 많아진다. 대인관계가 죄다 상처를 주는 관계로 변한다.

두 번째가 타인의 처지를 이해하지 못한다는 점이다. 이것은 인생을 살아가는 데 있어 큰 애로 사항이다. 무언가를 이루기 위해 설움을 겪지 않았고 그다지 고생도 해보지 않았기 때문에 다른 사람이 어떤 처지에 있고 어떤 딜레마에 봉착해 있는지를 세심하게 관찰하지 못한다. 쉽게 말해서 자기는 이미 배가 부른 상태다. 다른 사람이 왜, 어떻게 배가 고픈지를 모른다. 타인의 배고픔을 이해하지 못하는 사람은 공적인 마인드를 가질 수 없고, 사람의 진면목을 간파하는 안목을 가질 수도 없다. 이런 걸 요즘에는

'공감 능력'이라고 부른다.

공감 능력은 책을 통해서 익힐 수 있는 것이 아니다. 직접 겪어보아야 안다. 내가 배가 고프고, 땀을 흘리고 피눈물을 흘려봐야 다른 사람의 마음이 보이는 법이다. 세 가지 액체, 즉 피와 땀과 눈물을 바가지로 흘려야만 다른 사람의 마음을 헤아리는 지혜가 생기고 사람을 보는 안목도 생기는 것이다.

성공한 CEO들 중에는 사업하는 과정에서 자살 시도를 해본 사람이 많다. 매일 밤 불면증에 시달리는 사람도 많다. 15년 전쯤 LG의 고故 구본무 회장과 곤지암 골프 클럽에서 저녁 식사를 같이 한 적이 있다. 그런데 이 양반이 혼자서 양주를 거의 반 병 정도나 마시는 것을 보고 깜짝 놀랐다. 머쓱했던지 구 회장은 이렇게 말했다.

"나는 이 정도 술을 먹지 않으면 밤에 잠이 안 와요. 기업 운영하는 게 쉬운 게 아니야. 오전에 일본의 소프트뱅크 손정의가 여기에 다녀갔는데, 손정의는 자기 당대에 망해 먹더라도 자기 손으로 일으킨 기업이니까 괜찮지. 근데 나는 선대에서 일으켜 가꿔온 기업을 내 대에 와서 망해 먹으면 무슨 낯으로 조상님들을 쳐다보나. 그러니 그 생각을 하면 잠이 안 와."

할아버지, 아버지로부터 철저하게 경영 수업을 받은 구본무 회장도 그렇게 고민이 많았다. 그런데 벼락출세하고 소년등과한 사람이 어떻게 자신의 어깨에 짊어진 짐을 견딜 수 있겠는가. 나는 마흔다섯 이전에 큰돈 번 사람은 그 돈을 말년까지 유지하기 힘들다고 본다. 적어도 돈은 쉰 넘어서 벌어야 자기 돈이 된다.

소년등과 한 인생이 위험한 세 번째 이유는 인간의 운이 평생 좋을 수 없다는 점 때문이다. 초반에 잘나가면 후반에 반드시 풍파가 닥치게 되어 있다. 반대로 초년고생을 많이 한 사람은 후반부에 별 들 날이 반드시 찾아온다. 앞서 설명했듯, 이러한 이치를 『주역』에서는 '일음일양지위도'라고 이야기한다. 한 번 밤이 왔다가 그 다음에는 낮이 오는 것이 세상의 이치라는 이야기다. 밤낮의 교대가 한 번이라도 어그러진 경우가 있었는가.

'젊었을 때 고생은 사서도 한다'는 말은 매우 깊은 뜻을 담고 있다. 역사적으로 업적을 남긴 큰 인물들은 대부분 인생의 전반부에 가난과 실패 등의 고통을 겪은 뒤 후반부에 가서 성취를 이루었다. 『맹자孟子』의 「고자장告子章」에 이런 글귀가 나온다. '하늘이 어떤 사람에게 큰 임무를 맡기려 하면, 반드시 먼저 그 심지를 괴롭게 하고, 그 근육과 뼈를 수고롭게 하고, 그 몸과 피부를 굶주리게 하고, 그 몸을 궁핍하게 하고, 그 하는 바 모든 일이 뒤틀려서 안 되게 한다天將降大任於是人也(천장강대임어시인야) 必先苦其心志(필선고기심지) 勞其筋骨(노기근골) 餓其體膚(아기체부) 空乏其身(공핍기신) 行拂亂(행불란).' 이 글귀를 우리 선조들은 항상 가슴과 머리에 품고 다녔다.

젊어서 고생을 하지 않고 승승장구한 사람은 인생 후반부에 이르러 반드시 그 대가를 치르게 되어 있다. 살아가면서 반드시 익혀야 할 과정과 단계를 건너뛴 사람도 인생을 원만하게 이끌어가기에는 부족하다. 정도正道를 걸으며 고통과 고난과 고생을 기꺼이 감수하는 것, 그것이 올바른 삶이다.

3 후계 교육

부자가 3대 안 가는 이유

: 진정한 리더는 태어나지 않고 만들어진다

창업 1세대와 2세대의 차이

바로 앞의 글에서 선천적인 요소와 후천적인 교육이 사람에게 작용하는 비율을 9 대 1로 생각한다고 적었다. 사실 원래는 7 대 3 정도로 생각하다가 근래에 와서 9 대 1로 바뀌었다. 그렇게 생각이 바뀐 이유는 자식들이나 주변 후배들의 그릇된 점을 고치려 해도 좀처럼 고쳐지지 않는 경험을 거듭하면서부터였다.

좋은 말과 훈계를 할 때도 서너 번이면 충분하다. 그 이상 하면 서로 상처를 입게 된다. 소금과 충고는 상대가 요청하지 않으면 주지 않는 게 정답이다. 물어보지도 않고 상대방 설렁탕에 자꾸

소금을 넣는 행위는 옳지 못하다. 충고도 마찬가지 아니겠는가. 그렇다고 1에 해당하는 교육을 포기할 수는 없는 노릇. 해보는 데까지는 해보는 게 도리일 것이다.

'부자 3대 가기 어렵다'는 말이 있다. 부富를 일으킨 1대부터 따져 손주 세대인 3대째에 이르러 집안이 망할 수도 있다는 뜻이 함축되어 있다. 왜 우리 선조들은 부자 집안이 3대째에 망할 수 있다고 보았을까?

기업의 창업자는 카리스마를 타고난 인물일 가능성이 높다. 아닌 게 아니라 내가 만나본 창업자들은 한결같이 '천불' 체질이었다. 머리와 가슴에서 쉴 새 없이 천불이 솟는다. 성격이 불같고 판단이 전광석화같이 빠르다. 한번 판단이 서면 불도저처럼 밀어붙인다. 이런 창업자 앞에서 브리핑을 할 때는 5분을 넘겨서는 안 된다. 지루함을 느낄 틈도 없이 핵심과 요점만 보고해야 한다.

창업자들은 돈을 쓸 때도 일반적인 액수에 0을 하나 더 붙이는 경우가 많다. 상대가 생각한 것보다 10배나 더 쳐주는 것이다. 물론 자린고비처럼 인색할 때는 지독하게 인색하다. 하지만 쓰겠다고 마음먹으면 통 크게 움직인다. 예상한 것보다 10배를 더 받으면 없던 충성심과 복종심이 생겨난다. 이게 용龍의 카리스마다.

2세 중에는 '이무기'급이 많다. 아버지보다 카리스마는 부족하지만 아버지 하는 것을 옆에서 지켜보기는 했다. 현장에서 직접 겪고 어깨 너머로 보는 것이 다 교육이다. 만약 2세가 아버지보다 카리스마가 강하면 젊었을 때 아버지 품을 떠나 따로 독립한다. 독립해서 몇 번 실패하고 쪽박도 찬다. 그러다 겨우 성공하면 그제야 아버지를 만난다. 2세가 이무기가 아니라 용으로 태어나면 아버지와 충돌할 수밖에 없다. 그러나 내가 살펴본 2세들은 대부분이 이무기다. 그래도 이무기 아들은 용이었던 아버지의 50퍼센트는 해낸다.

고통과 시련 없이는 진정한 리더가 될 수 없다

그러나 3세가 문제다. 3세는 할아버지가 하는 것을 곁에서 지켜볼 기회가 없었다. 이들은 왕자님 또는 도련님으로 떠받듦을 받으며 자랐다. 거기에다 일찍부터 외국에서 유학 생활을 한다. 글로벌 정보와 매너는 배울 수 있지만, 부하 직원을 사로잡는 리더십을 배우기는 어렵다. 무슨 '스쿨' 이름이 붙은 외국의 명문 학교에 다닌다고 리더의 요건을 갖출 수 있는 것이 절대 아니다. 유색 인종이 서구 사회에서 백인 상류층과 대등하게 감정을 교류할 수 있겠는가? 이들과 어울리며 밥도 먹고 토론도 해봐야 식견이 생길 텐데, 대개는 겉돌다가 귀국한다. 밑바닥 삶을 경험하면서 고생도 해봐야 하는데, 과연 한국의 부잣집 자제들이 유학 가서 무슨 고생을 하고 경험을 쌓겠는가.

큰 인물은 인생 파탄을 겪어봐야 배출된다. 예수기원전 4?~기원후 30?는 마구간 출생이고, 공자기원전 551~기원전 479는 이른 살이 다 된 아버지와 무당 딸이었던 십 대 후반의 어머니 사이에서 태어난 천출賤出이었다. 무슨 교육을 제대로 받았겠는가. 이슬람교 창시자 무함마드570?~632도 어렸을 때부터 낙타 고삐 잡고 사막으로 장사꾼을 따라다니던 천한 신분이었다. 동학 창시자 최제우1824~1864도 천하게 태어나 20세부터 30세까지 십여 년간 봇짐장사를 하면서 전국을 떠돌던 밑바닥 인생이었다. 명나라 창업주 주원장1328~1398도 떠돌이 중노릇을 하면서 젊은 시절을 보냈다. 청나라를 세운 누르하치1559~1626는 십 대 후반부터 피가 튀는 싸움터에서 칼부림을 하며 청년기를 시작했다. 이들에게는 매 순간이 죽기 아니면 살기였다. 왕자님 또는 공주님으로 떠받들리며 자란 3세들이 외국의 좋은 학교에 다닌다고 리더십과 카리스마가 생기겠는가? 턱도 없는 소리다. 자기 배가 부르면 남의 배고픈 상황을 알지 못한다.

대장부에게는 '4대 과목'이 있다. 감방, 부도, 이혼, 암이다. 이 네 가지를 겪고도 죽지 않으면 대장부로 거듭난다는 속설이 있다. 그만큼 혹독한 시련을 겪어봐야 큰일을 할 수 있다는 뜻이다. 이 같은 시련과 역경을 겪으면서 인생에 대해 성찰하게 되고 남의 가슴 아픈 것도 알게 된다. 실제로 우리나라의 재벌 3세 가운데에는 감방에 다녀온 뒤 거품이 빠진 인물들이 더러 있다. 그들은 확실히 재벌가의 황태자에서 대기업의 CEO로 변신했음을 느끼게 한다.

후계자 양성의 어려움

후계자를 잘못 앉히면 그 조직은 망한다. 아니면 겨우 현상 유지하다가 결국에는 지리멸렬하는 수가 있다. 이런 의문이 든다. 후계자는 전임자에 의해 양성될 수 있는 것인가? 아니면 그 조직의 운에 좌우되는 것인가?

어느 조직이든 후계자의 능력이 중시되지만, 특히 중요한 분야가 세 개 있다. 정치, 기업, 종교다. 정치는 전임자에 의해 후계자로 낙점되어 길러졌다고 해도 국민의 투표라는 검증 과정을 거쳐야 하기 때문에 아주 어렵다. 삼김三金도 제대로 된 후계자를 남기지 못했다. 김영삼의 훈도를 받고 성장한 인물이 김무성인데, 그가 대권을 잡았나? 정치에서는 대권을 잡아야 후계자라고 할 수 있다. 김대중을 보자. 박지원이 대권을 잡았나? 김종필은 자신이 대통령을 해보지 못했을 뿐만 아니라, 그의 계보 안에서 전국구라고 할 만한 인물이 보이지 않았다. 어찌되었든 전두환은 노태우를 대통령으로 만들었으니 후계자를 양성한 셈이다.

왕조 시대에는 후계자를 세습했다. 가장 잘된 세습 후계로는 청나라의 강희재위 1662~1722 · 옹정재위 1723~1735 · 건륭재위 1735~1795 황제를 들 수 있다. 청나라1616~1912는 이 3대에 걸쳐 뛰어난 제왕을 배출함으로써 250년간 체제를 유지할 수 있었다. 조선 왕조의 이성계태조·재위 1392~1398 · 이방원태종·재위 1400~1418 · 세종재위 1418~1450으로 이어지는 3대도 괜찮은 후계 세습이라고 평가할 수 있다이성계 다음으로 2대 정종이 즉위했으나, 동생 이방원에게 왕위를 선양했다.

한국의 대기업 대부분이 3대 세습 체계로 들어섰다. 1대는 용이고, 2대는 이무기다. 그렇다면 3대는? 꽃뱀이다. 3대는 학벌이 좋

왼쪽부터 중국의 마지막 왕조인 청의 4·5·6대 황제인 강희제, 옹정제, 건륭제다. 강희제와 옹정제 시대에 내치에 힘쓴 덕에 국가 질서가 안정되었고, 건륭제에 이르러 새로운 농사법이 개발되면서 식량 생산이 크게 늘어 경제 발전을 이루었다.

고 이력도 잘 꾸며서 무늬가 화려하다. 하지만 내공이 없다. 이런 꽃뱀이 혹독한 시련을 겪으면 어느 정도 허물이 벗겨진다. 이때가 되어야 비로소 진짜 리더의 자질을 어느 정도 갖출 수 있다.

후계 양성이 가장 어려운 분야가 종교다. 조직을 경영하는 능력에 더해 영적인 능력까지 겸비해야 하기 때문이다. 영적 능력은 사람의 마음대로 조절할 수가 없다. 타고난 자질에 장문인掌門人의 세심한 돌봄과 가르침이 있어야 한다.

『전등록傳燈錄』은 불교의 선종禪宗에서 내려오는 후계자 족보다. 수백 명 선승들의 바통 터치 과정이 기록되어 있다. '전등록'이라고 이름 붙인 이유는 후계를 세우는 일이 등불을 전해주는 것과 같기 때문이다. 이 촛불에 불을 붙여 저 촛불로 옮기는 과정과 같다. 먼저 불씨를 붙인 초가 다 타들어가도 그 불씨가 다른 초로 옮겨 붙으면 다시 방 안을 환하게 비출 수 있다.

선가禪家에서는 후계자를 양성할 때 스승이 더 애간장을 태웠다. 제자는 스승의 경지를 판단할 수 없지만, 스승은 제자 될 이의 자질과 근기를 알아보기 때문이다. 바둑 9단은 5급의 수를 훤히 짐작한다. 그래서 선가에서는 싹수 있고 자질 있는 제자를 찾으려고 스승이 심혈을 기울였다.

중국 당나라 때 남악회양677~744 선사에게 마조도일709~788이라는 젊은 선승이 찾아왔다. 마조도일에게 자질이 있음을 알아본

남악회양이 하루는 바위에 벽돌을 갈았다. 이 광경을 본 마조도일이 물었다. "그것을 갈아서 어디에 쓰시렵니까?" "거울을 만들려고 한다." "그런다고 거울이 되겠습니까?" "네가 앉아서 좌선만 한다고 부처가 되겠느냐? 마음을 보아야지. 수레를 몰고 갈 때 수레가 움직이지 않으면 회초리로 바퀴를 때려야 하겠는가, 소를 때려야 하겠는가?" 그 말을 듣고 마조도일은 크게 깨달았다. 마조도일 밑에 수많은 제자가 모여들었고, 그 문하는 크게 번성했다.

 자질을 가진 후계자를 만나는 것은 스승으로서 큰 행운이다. 하지만 직계 비속直系卑屬에게 자리를 물려주는 일이 흔한 우리나라의 기업 환경에서는 그야말로 자질을 가진 후손이 태어나기를 기대하는 수밖에 없다. 하지만 그것은 확률적으로 어려운 일이다. 그래서 10퍼센트의 교육이 중요하다. 자손을 귀하게 키우고 떠받드는 교육이 아니라, 능히 큰일을 해낼 인물로 양성하는 진짜 교육이 필요하다. 그러나 어찌 할아버지와 아버지가 자신의 자손이 일찍감치 고생길에 들어서는 것을 지켜보겠는가. 그래서 우리나라의 기업 환경에서는 후계 양성이 힘들고 부자가 3대 가기도 어렵다.

4 팔자 고치는 방법

운수대통을 만드는 일상의 작은 실천

: 지금의 행위 하나하나가 미래라는 집을 짓는 벽돌이다

운명에 순응할 것인가, 저항할 것인가

'연월일시 기유정年月日時 既有定인데 부생浮生이 공자망空自忙이라.' 타고난 사주팔자가 이미 정해져 있는데, 그런 사실을 모르는 뜬구름[浮生] 같은 인생들이 공연히 바쁘기만 하다는 뜻이다. 30대 중반에 내가 이 말을 처음 접했을 때는 긴가민가했다. 운명의 비의秘義를 탐색하는 학문인 명리학을 한창 공부하던 시절이라 팔자를 완전히 부정할 수도 없고 그렇다고 전적으로 팔자가 있다고 확신하기에는 인생 경험이 모자랐기 때문이다. 팔자가 정해져 있다면 노력해도 소용없는 것 아닌가? 감나무 밑에서 입 벌리고 있으면

감이 떨어지는가? 모든 것이 정해져 있다면 인간의 자유의지는 아무런 쓸모가 없단 말인가? 사주학四柱學 고전인 『명리정종』을 읽으면서 이런 의문들이 머릿속에서 뭉게뭉게 일어났다.

어떤 사실이나 원리를 제대로 받아들이려면 몸과 가슴의 체험이 반드시 필요하다. 머릿속의 가설이나 책의 이론만으로는 부족하다. 이론이 머릿속에 들어와서 가슴까지 내려가야만 확신이 서는 법이다. 머리에서 가슴으로 내려갈 때 거치는 관문이 하나 있는데, 그게 바로 눈물이다. 눈물을 흘려봐야 확실히 알게 된다. 눈물 없이 도서관에서 책만 읽는다고 어떻게 인생을 알 수 있겠는가? 그래서 세월이 중요하다.

이 대목에서 공자의 '인생단계론'을 거론할 필요가 있다. 공자는 사십에 불혹不惑하고 오십에 지천명知天命하며 육십에 이순耳順해야 한다고 설파했다. 나이가 들어감에 따라 인생과 세계를 이해하고 받아들이는 변화 과정을 매우 보편적으로 표현한 말이다. 그런데 나는 '오십에 지천명' 부분에서 의문이 든다. 공자는 과연 오십에 천명天命을 알았을까? 알았다면 자신의 천명이 무엇이라고 파악했을까?

공자는 오십을 넘긴 56세 무렵부터 69세 무렵까지 약 14년간 전국을 정처 없이 떠도는 낭인 생활을 했다. 그날그날 먹을 것과 잠잘 곳을 걱정해야 하는 신세였다. 『사기史記』에서 사마천기원전

145?~기원전 86?은 '상갓집의 개 같은 삶을 살았다'고 공자를 평가하지 않았는가. 공자의 말년 인생은 그야말로 밑바닥을 전전하는 삶이었다. 자그마치 14년 동안이나.

공자는 낭인 생활로 접어들기 전에 자신의 앞날이 순탄치 않을 것임을 예감했던 것 같다. 아마도 이때 공자는 『주역』의 괘를 뽑아보았을 것이다. 공자는 책을 엮은 가죽 끈이 세 번이나 끊어질 정도로 『주역』을 공부했던 만큼 당연히 점을 쳐보았을 것이다. 공자와 『주역』의 관계를 전문적으로 연구한 동국대학교 황태연 교수에 의하면 공자가 오십 대 중반 무렵에 뽑은 괘가 화산려火山旅괘였을 것이라고 추정한다. 위에 불이 있고 아래에 산이 있는 형상의 괘다. 산에 불이 난 모습이기도 하다. 왜 고대인들은 이 모양을 보고 여旅를 추상해냈을까? 여인숙旅人宿의 '여'다. 나그네로 산다는 뜻이다.

공자는 앞날에 바람을 반찬 삼고 이슬을 이불로 덮어야 하는 풍찬노숙風餐露宿의 나그네 팔자가 기다리고 있음을 예감했다. 싫지만 거부할 수 없다. 오로지 자신 앞에 놓인 비포장의 험난한 팔자에 순응하는 수밖에 별다른 도리가 없었을 것이다. 69세에 낭인 생활에 종지부를 찍고 돌아와 73세에 죽었으니, 불과 4년 동안 말년의 여유가 있었고, 이 말년의 기간에 제자들과 함께 자신의 인생을 정리하는 저술들을 남겼던 것으로 보인다.

운명이 피할 수 없는 것이라면 미리 알아본들 무슨 소용이 있는가 하는 의문을 제기할 수 있다. 이 부분에 대해 고대 로마의 철학자 세네카기원전 4?~기원후 65가 한 말이 있다. "운명에 저항하면 끌려가고, 운명에 순응하면 업혀 간다." 어차피 운명에 멱살을 잡혔지만, 끌려가느냐 업혀 가느냐의 차이가 있다는 말이다. 이를 뒤집어 생각해보면, 운명을 미리 알면 끌려갈 것인지 업혀 갈 것인지 선택할 수 있다는 논리가 성립한다. 끌려가는 것보다야 업혀 가는 게 훨씬 낫지 않은가.

팔자라고도 하고, 운명이라고도 하는 이 비의학秘義學에 접근하는 통로는 여러 가지 길이 있다. 나도 여러 가지 길이 있다는 사실을 파악하는 데만 줄잡아 20년은 걸린 것 같다. 이 길 저 길 걷다가 아니면 되돌아오는 시행착오를 겪느라 수업료도 상당히 지불했다.

팔자를 고치는 6가지 방법

인도 철학에서 오랜 시간 동안 논쟁의 대상이 된 주제가 결정론이다. 운명이 이미 결정되어 있는가, 아니면 중간에 바뀔 수 있는가 하는 문제다. 바꿀 수 없다는 입장이 인중유과론因中有果論이다.

바꿀 수 있다는 입장은 인중무과론因中無果論이다.

인중유과론을 따르는 이들은 원인[因] 속에 결과[果]가 잠재되어 있다고 주장한다. 어떤 존재와 행위에 따른 결과가 이미 정해져 있고, 어떤 결과가 나타난다면 그것은 원인의 변형에 불과하다는 입장이다. 완전한 결정론이다.

인중무과론은 원인과 결과는 무관하다고 본다. 결과는 원인에 예속되지 않으며, 여러 가지 요소가 결합되어 최초의 원인과는 전혀 다른 현상 세계가 결과로 나타날 수 있다고 주장한다. 인중무과론에 따르면 인간의 자유의지와 노력 여하에 따라 얼마든지 팔자를 바꿀 수 있다.

인중유과론과 인중무과론이 박 터지게 싸우다가 타협을 본 중재안이 7·3론이다. 운칠기삼運七技三이 그것이다. 이미 결정된 요소가 70퍼센트, 노력의 영향력이 30퍼센트라는 뜻이다. 내 생각은 팔자가 정해져 있다는 주장에 가깝다. 어지간해서는 팔자를 바꿀 수 없다고 본다. 9·1론이라고 할 수 있다. 7·3론이든 9·1론이든 팔자를 바꿀 여백이 조금은 있다. 그럼 어떻게 해야 하는가?

첫째가 적선積善이다. 선한 일을 많이 해야 한다. 어떤 것이 선한 일인가? 다른 사람의 가슴에 저금을 들어놓는 것이 적선이다. 고아원에 돈을 기부하는 것도 적선이지만 내가 죽이고 싶은 사람을 죽이지 않고 용서해주는 것이 더 효력이 강한 적선이다. 재물로 하는 적선보다 마음으로 하는 적선이 상급이다. 평소에 화를 안 내는 것도 적선이고, 타인의 고통을 들어주는 것도 적선이다. 주변 사람들이 우호적인 감정을 갖도록 마음과 행위를 투자해야 한다. 주변에 우호적인 사람이 많으면 덕德이 있다는 증거다. 외호外護·외부에서 보호함가 두터워진다.

둘째는 스승을 만나야 한다. 인생을 살아가면서 스승이 있는 것과 없는 것은 결정적인 순간에 차이가 드러난다. 중요한 고비에서 이쪽인가 저쪽인가를 고민할 때 상의해주고 해법을 제시해주는 스승을 가진다는 것은 엄청난 인연이자 복이다. 좋은 스승을 얻는 최고의 방법은 간절함이다. 스승도 좋은 제자를 찾기 위해 분주히 돌아다녀야 하지만, 제자 역시 옳은 스승을 찾기 위해 노력해야 한다. 간절해야만 스승과 제자의 인연이 이어지는 법이다. 한 가지 문제는, 스승은 제자 될 이의 그릇을 알아보지만 제자는 스승을 알아보지 못한다는 사실이다. 따라서 제자가 스승을 얻기 위해 노력한다는 말은 평소에 몸가짐을 무겁게 하고 마음을 곧게 하여 스승이 나를 알아보도록 해야 한다는 뜻이다.

셋째는 독서다. 책을 읽는다는 것은 역사적으로 뛰어난 인물들과 대화를 나누는 일이다. 좋은 책에는 그것을 쓴 저자들이 스스로 품은 질문에 답을 얻는 과정과 결과가 담겨 있다. 한 인간이 일생에 걸쳐, 그리고 인생을 걸고 얻으려 한 어떤 결론을 우리는 책이라는 도구를 통해 비교적 손쉽게 얻을 수 있는 것이다. 책 속에 길이 있다는 말은 진리를 찾기 위해 모색하고 탐구한 수많은 사람의 뜻깊은 여정을 내 것으로 흡수하며 인생의 방향을 가늠할 수 있다는 뜻이다. 사람이 책만으로 인생을 알 수는 없으나, 경험의 가치를 더욱 풍성하게 만들어주는 것이 바로 책이다.

넷째는 기도다. 시간을 내어 기도하고 명상하고 참선하는 것도 팔자를 바꾸는 방법이다. 브레이크가 없으면 어디 부딪히기 십상이다. 틈틈이 삶의 브레이크를 밟아주면서 나를 되돌아보아야 실수가 적어진다. 기도와 명상과 참선이 힘들다면 운동이라도 하라. 요가의 지혜가 그것 아닌가. 몸을 바꾸면 마음이 바뀐다는 것!

다섯째는 명당이다. 사람은 모름지기 좋은 터의 기운을 받아야 한다. 풍수를 미신이라고 하는 사람들이 많은데, 그런 사람도 공동묘지 자리에 지은 집은 피한다.

명당에는 음택陰宅과 양택陽宅이 있다. 음택은 묏자리고, 양택은 집터다. 화장火葬이 대세인 요즘에는 음택을 쓰기가 어렵게 되었다. 화장을 하면 무해무득無害無得이다. 해롭지도 않고 이롭지도 않다는 뜻이다. 혼魂이 있고 백魄이 있다. 이를 합쳐서 혼백魂魄이라 한다. 혼은 사람이 죽기 전에 하늘로 올라간다. 옛날 어른들의 "불 나간다."는 말은 혼불이 나가는 모습을 보고 한 말이다. 그 대신 백은 뼈에 붙어서 묏자리 속에 보존되는데, 이 뼈를 매개로 망자와 후손이 교신을 한다. 백이 명당에 들면 "나 잘 있다, 오버. 너 사업 잘되어라, 오버." 하면서 무전을 때린다. 만약 묏자리가 사나우면 "나 물 먹고 있다. 너, 부도나라, 오버! 교통사고 나라, 오버!" 하면서 무전으로 악담을 한다. 화장을 해버리면 이 무전기를 폭파해버리는 셈이다. 골치 아픈 전화는 받지 않는 것이 좋다. 그래서 화장을 하면 해도 없고 득도 없는 것이다.

집터가 명당이면 잠자리가 편하다. 숙면을 취하면 그곳이 명당이다. 명당에 살면 몸이 건강해진다. 그래서 사회생활이 원만해져서 돈이 생기고 승진도 하게 된다.

부동산 매입하면서 계약서에 도장 찍기 전에 어떻게 잠을 자보냐고? 명당을 판단하는 다른 방법이 있다. 꿈이다. 대개 아내들이 꿈을 꾼다. 집터를 둘러보고 나서 조상이 나타나 열쇠를 주는 등의 꿈을 꾸는 수가 있다. 그런 집터라면 들어가서 살아도 좋다는 뜻이다. 물론 꿈자리가 사나우면 그 반대다.

팔자를 바꾸는 여섯 번째 방법은 자신의 사주팔자를 아는 것이다. 모름지기 사람은 자신의 크기와 성향을 알아야 한다. 그래야 크게 헛손질을 안 한다. 내 팔자는 관운이 있으니까 큰돈을 못 벌어도 조직생활은 잘하겠구나, 내 팔자에는 물이 많으니까 요식업이나 유흥업을 해야겠구나 하는 정도를 대강 알고 있으면 아무래도 고생을 덜 한다.

이상의 6가지가 그동안 고금의 문헌들을 보고 주변 사례를 목격하면서 정리한 내 나름의 팔자 바꾸는 방법이다.

운을 받는 방법

누구나 운運이 찾아올 때가 있다. 운이 안 오는 사람은 없다. 밤과 낮, 춘하추동이 순환하는 것처럼 누구에게나 살면서 한두 번은 운이 찾아오는 것이 우주의 이치다. 밤에 운을 받는 사람이 있고, 낮에 받는 사람도 있다. 일정하지 않다. 혼란기에 운을 받는 사람, 호경기에 받는 사람, 봄에 받는 사람, 여름에 받는 사람, 가을에 받는 사람, 겨울에 받는 사람…… 사람마다 제각각이다. 문제는 운이 찾아왔을 때 이를 스펀지처럼 쭉쭉 흡수할 수 있느냐 하는 것이다. 준비가 되어 있지 않으면 운이 와도 받지 못하고 그냥 흘려보내버린다.

그렇다면 운을 받는 사람은 어떤 사람이고, 운을 흘려보내는 사람은 또 어떤 사람인가? 운이 찾아왔을 때 이를 자기 것으로 만드는 사람의 특징은 다음과 같다.

첫째는 그 집 현관에 들어섰을 때 신발이 가지런히 놓여 있는 경우다. 신발이 어지럽게 흩어져 있으면 운을 못 받는다. 지인의 집에 방문하거나 식당에 갔을 때 신발이 가지런히 놓여 있으면 '아, 이 집은 운을 받겠구나!'라고 짐작하게 된다.

신발이 가지런하다는 것은 어떤 의미인가? 우선 정리정돈을 잘한다는 것은 그만큼 그 사람의 평소 몸가짐이 잘 흐트러지지 않는다는 사실을 의미한다. 일을 할 때도, 사람을 대할 때도 좀처럼 실수하는 법이 없다. 그래서 단단하다는 인상을 준다.

또 하나는 배려심이다. 찾아온 손님이 돌아갈 때 신발을 신기 편하게 한다는 것은 타인을 생각하는 마음이 배어 있음을 의미한다. 음식점에서 밥 먹고 나가려 할 때 주인이 손님 신발을 신기 편하게 해놓으면 기분이 좋다. 이런 식으로 배려를 받는 사람은 상대에게 호감을 가질 수밖에 없다. 주변 사람들이 호감을 품기 시작하면 운이 좋아지는 것이다. 재물과 권력, 희로애락은 모두 인간에게서 나온다. 타인이 나에게 호감을 갖느냐, 악감정을 갖느냐가 운의 분기점이다.

둘째는 경청하는 태도다. 상대방의 말을 차분하고 주의 깊게 듣는 태도도 운을 좌우한다.

자기 말만 앞세우고 중간에 상대방의 말을 끊는 사람은 운을 못 받는다. 이 역시 호감과 관련이 있다. 경청하는 사람은 호감을 산다. 호감을 갖게 되면 이야기하는 사람은 신이 난다. 신이 나서 요긴한 정보를 아끼지 않는다. 미운 사람에게는 돈 되는 정보를 감추지만, 성의 있는 사람이라고 느껴지면 일급 정보도 알려주는 것이 인지상정이다.

타인의 말을 끊는 사람은 상기上氣된 경우가 많다. 기운이 위로 몰린 것이다. 상기되면 남의 말을 충분히 듣지 못한다. 바로 열이 솟는다. 열이 솟으면 정제되지 못한 메시지를 던지게 되어 있다. 경청하지 못하는 사람은 결국 문제를 일으킨다.

셋째는 찰색察色이다. 얼굴색을 살핀다는 뜻이다. 장기적인 운수는 사주 명리학을 보아야 하지만, 6개월 이내의 단기적인 운수는 사람의 얼굴색만 보아도 알 수 있다.

찰색이 좋다는 것은 얼굴이 기운차고 건강한 색깔을 지녔다는 뜻이다. 보통 '신수가 훤하다'라고 표현한다. 이마에서 빛이 나는 것처럼 훤한 느낌을 주는 사람은 6개월 이내에 좋은 일이 생길 것이라고 예상할 수 있다.

반대로 얼굴빛이 검게 느껴지거나 왠지 모르게 우울한 기색이 있으면 좋지 않다. 건강에 문제가 있거나 심리적으로 불안정한 상태에 있는 것이다. 이런 상황에서 일이 잘 풀릴 리 만무하다. 운이 와도 받지 못한다. 그러니 얼굴빛을 좋게 유지해야 한다. 건강을 챙기고 내면을 잘 다스려야 한다. 그런 노력을 기울이는 것만으로도 운을 가까이 둘 수 있다.

넷째는 땅의 기운이다. 집이나 사무실의 지기가 좋으면 운을 받는다. 지기가 좋은 공간에서는 한 시간 넘게 이야기하더라도 피곤하지 않다. 조금 앉아 있었을 뿐인데 피곤하고 짜증이 난다면 그곳은 지기가 좋지 않은 것이다. 그래서 명당이 중요하다.

5 요가와 맨발 걷기

막힌 혈맥을 뚫어주는 운동과 자세

: 건강을 유지하고 기를 얻기 위한 고대인의 신체 훈련

5,000년 경험이 축적된 요가의 세계

마음을 바꾼다는 게 참 어렵다. 나이가 들면 사는 일에 조금은 도가 터서 마음 하나 정도는 내 뜻대로 할 수 있을 것 같은데, 오히려 나이 먹을수록 고집이 더 세지고 틀에 박힌 오랜 생각은 점점 단단해진다. 타인과 나의 처지를 비교하는 마음, 아직 일어나지도 않은 일을 미리 걱정하는 마음, 이제는 어찌해볼 수도 없는 지나간 순간에 대한 후회와 미련, 어디 가서 대접받고 싶은 욕심이 점점 커지는 것 같다. 이러지 말아야지 생각하는데도 마음이 따라주지 않는다. 그래서 머리에서 가슴까지의 길이 가장 먼 여행

길이라는 말이 있나 보다.

　이 지독한 번뇌를 씻어내고자 하는 오랜 탐구가 요가yoga를 탄생시켰다. 당장 할 수 있는 신체 동작으로 몸을 바꾸면 마음마저 바꿀 수 있다는 것이 요가의 요체다. 선명후성先命後性의 노선! 명命은 육체를 가리킨다. 육체를 먼저 단련해서 기가 충만하도록 하면 마음[性]이 자동적으로 긍정적이고 활기차게 바뀐다는 것이다. 신체를 단련하여 기를 채우고 심성을 변화시킨다는 원리는 원래 도가道家의 수련 방식이지만, 요가에서도 똑같이 적용된다.

　요가에는 여러 갈래가 있다. 그중 하나가 육체 수련을 중시하는 하타 요가Hatha yoga 문파다. 하타 요가에서는 몸동작을 아사나Asanas라고 하는데, 이게 수백 가지나 된다. 하타 요가의 관점에서 육체는 마음의 표상이다. 몸을 보면 그 사람의 마음 상태가 어떤지 알 수 있다는 뜻이다. 어깨가 앞으로 굽었으면 겸손해 보이기는 하지만 진취적인 기상이 결여되어 있다고 본다. 진취적인 비전을 가지려면 몸을 뒤로 젖히는 후굴後屈 아사나를 해야 한다.

　공작 자세라는 것도 있다. 꽁지깃을 부챗살처럼 펼치는 수컷 공작의 자세를 흉내 낸 것이다. 산스크리트어로 수컷 공작을 마유라mayura라고 한다. 그래서 이 자세의 이름이 '마유라 아사나'다. 상체를 앞으로 구부린 뒤 손바닥이 몸 쪽으로 향하도록 바닥에 놓는다. 그 상태에서 가슴을 양쪽 팔꿈치 윗부분에 댄다. 그리고

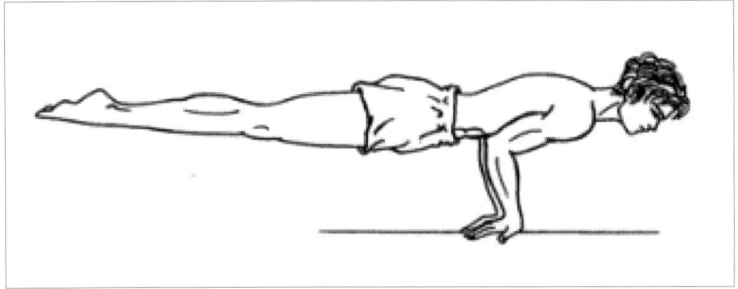

마유라 아사나 자세를 표현한 그림. 핀차 마유라사나라고도 한다. 핀차는 '깃털'이라는 뜻이다. 요가 자세에서 중상급에 해당한다. 어깨와 복부·팔 근육, 균형 감각이 필요하다.

두 다리를 들어 올린다. 옆에서 보면 몸이 한 일— 자가 된다. 수컷 공작이 단단한 두 다리로 몸을 지탱하는 모습과 유사하다. 인간의 두 팔이 공작의 두 다리 역할을 하고 위로 뻗은 다리가 공작의 깃털 역할을 하는 것이다.

이 자세를 취하면 어떤 효과가 있을까? 위장에 쌓여 있던 독소가 다 빠진다. 팔꿈치가 마니푸라 차크라_{차크라는 요가와 명상 수행에서 중시하는 신체의 주요 지점을 말한다. 마니푸라 차크라는 배꼽 위 명치 부근에 위치하며 불의 기운을 띤다}를 자극하기 때문이다. 마니푸라 차크라는 불의 기운을 띠는데, 몸에 불을 일으켜서 몸 안의 불순물과 독성을 다 태워버리는 것이다.

전생에서부터 요가를 수련했다는 요가 마스터 석명 선생은 1980년대 중반 인도를 여행했다. 인도 정신계의 고수를 만나기 위해서였다. 바라나시에서 쿠시나가르로 가는 기차를 타려고 바라나시역으로 향했다. 마침 역의 매점에서 밀크셰이크를 팔던 한 남자가 석명에게 오라고 손짓했다. "나하고 팔씨름을 해서 당신이 이기면 밀크셰이크 2병을 공짜로 주겠소." 석명은 겉보기와 달리 요가로 단련된 근육질에다 온몸의 기혈이 뚫린 상태였다. 기혈이 뚫려 환골탈태換骨奪胎한 몸은 보통 사람의 몸과는 다르다. 당연히 석명이 팔씨름을 이겼다.

그래서 얻은 밀크셰이크 2병을 마시고 30분쯤 지나자 극심한 복통이 찾아왔다. 창자가 찢어지는 듯했다. 더위에 상한 재료로 만든 밀크셰이크였던 것이다. 인도 여행할 때는 모르는 사람이 주는 음료수를 먹어서는 절대로 안 된다.

바라나시에서 쿠시나가르까지는 12시간이 걸린다. 달리는 기차 안에서 창자가 찢어지는 듯한 고통을 어떻게 감당할 것인가. 기차 안은 콩나물시루처럼 남녀노소가 가득 차 있었다. 달리던 기차가 중간중간 역에 멈출 때마다 사람이 조금씩 내리고 공간이 좀 생겼다. 석명은 기차 칸과 칸을 잇는 이음새 지점에 자리를 잡고 마유라 자세를 취했다. 마유라 아사나가 백물百物의 독毒을 빼낸다는 생각이 퍼뜩 들었기 때문이다. 이를 악물고 마유라 아사나를 3분 정도 하자 통증이 좀 가라앉았다. 5분 쉬었다가 2번 더 하자 대변이 마려웠다. 화장실에서 일을 보니 시커먼 변이 서너 방울 나왔다. 불기운에 탄 독물毒物이 시커먼 대변으로 변한 것이다. 마유라 아사나의 효험이었다.

요가가 언제 시작되었는지에 대해서는 정설定說이 없다. 다만 기원전 2000년 무렵에 아리아인이 인도에 유입되기 전부터 이미 형성되어 있었다는 것만은 확실하다. 그러니까 최소 5,000년 정도의 역사를 가지고 있다. 이 오랜 세월 동안 생명력을 유지하고 있다는 사실은 이미 어느 정도 검증이 끝났음을 뜻한다. 요가 동작들은 인류의 문명 시대만큼이나 오랜 경험과 사례가 축적된 결과물이다.

뇌 속에 있는 21개의 경락을 뚫는 요가 자세

도를 통하면 여섯 가지 신통력神通力을 얻는다고 한다. 천안통, 천이통, 신족통, 타심통, 숙명통, 누진통이 그것이다.

멀리 떨어져 있는 사물과 공간을 볼 수 있는 능력인 천안통天眼通은 텔레비전이 등장하면서 대체되었다. 하늘과 세상의 소리를 듣는 천이통天耳通은 휴대전화가 대신하고 있다. 어느 곳이든 마음대로 왕래하는 신족통神足通은 비행기의 몫이 되었다. 다른 사람의 마음을 읽는 타심통他心通은 빅데이터가 나오면서 어느 정도 그 능력이 대체되고 있다.

6신통神通 가운데 남은 것은 숙명통과 누진통이다. 숙명통宿命通은 자신의 전생을 보는 능력이다. 『자타카Jataka』라는 불교 경전이 있다. 『본생담本生譚』 또는 『본생경本生經』이라고도 한다. 설화적인 요소가 강한데, 석가모니의 500전생前生이 서술되어 있다고 한다. 석가모니가 자신의 전생을 500번이나 기억하고 보았다는 이야기다. 한 생을 30년씩만 잡아도 500생이면 1만 5,000년의 시간에 해당한다.

인류가 진화해온 역사를 수백만 년이라고 가정하면 1만 5,000년이 그렇게 긴 시간은 아니다. 하지만 상식적으로 자신의 전생을 500생이나 기억해낼 수 있다는 것은 상상을 초월하는 능력이다. 그게 과연 가능할까? 500생은 고사하고 3생만 볼 수 있어도 대도인大道人이라고 평가받는다. 3생이란 과거생, 현재생, 미래생이다. 삼세인과三世因果·과거의 인(因, 원인)에 의해 현재의 과(果, 결과)를 받고, 현재의 인에 의해 미래의 과를 받는다는 인과관계를 말하는 사상를 알아야 3생을 볼 수 있다.

요가에서는 숙명통을 여는 방법에 대해서 이야기한다. 특별한 요가 자세를 취하면 숙명통이 생긴다는 것이다.

인간의 뇌에는 21개의 나디Nadi·경락가 있다고 요가에서는 주장한다. 이 21개의 경락을 열면 전생의 자신이 어떻게 살았는지

볼 수 있다. 경락을 연다는 것은 에너지를 공급한다는 뜻이다. 에너지를 공급한다는 것은 피[血] 또는 기氣가 통하도록 한다는 의미다. 어머니 뱃속에서 나온 지 얼마 안 된 갓난아기 머리를 만져보면 물렁물렁하다. 이 시기의 아이는 자신의 전생을 기억하고 있다고 한다. 머리가 물렁물렁한 상태에서는 뇌 속의 21개 경락이 열려 있다. 그러나 전생을 기억하지만 유아는 말을 할 수가 없다. 말을 배우고 사고가 복잡해지고 나이를 먹으면서 머리가 굳어진다. 21개의 경락이 닫히는 것이다. 나디가 굳어지면 전생의 기억을 잃고 대신 뇌는 현생의 기억만 입력하게 된다.

문명의 때가 묻고 나이가 들어 막혀버린 21개의 경락을 풀기 위해서는 어떤 요가 자세를 취해야 할까? 몸을 뒤쪽으로 둥그렇게 마는 자세를 취해야 한다. 간다베룬다 아사나Gandabherundasana, 라자 카포타 아사나Raja Kapotasana가 그런 자세다.

간다베룬다 아사나는 '메뚜기 자세'라고도 하는데, 예전에 서커스 곡예사들이 종종 보여주었던 자세와 비슷하다. 엎드려서 상체를 바닥에 댄 다음 다리를 뒤쪽으로 들어 올려서 앞이마에 닿도록 한다. 이 자세를 취하면 순간적으로 죽음의 공포를 경험한다고 한다. 라자 카포타 아사나는 '왕비둘기 자세'라고도 하는데, 앉은 상태에서 상체를 뒤로 젖힌 다음 무릎 아래 종아리 부분을 들어 올려서 발바닥이 머리에 닿도록 하는 자세다.

이런 자세를 취하면 머리 쪽으로 급격하게 에너지가 공급되면서 21개의 뇌 경락에 쌓여 있던 갖가지 찌꺼기를 씻어낸다. 호스를 통해 뿜어져 나온 물이 오물을 씻어내는 것과 같다. 그러면서 경락이 열리고 서로 연결된다.

체험자들의 이야기를 들어보면 이때 물방울이 떨어지는 느낌이나 스팀처럼 수증기가 올라오는 느낌이 든다고 한다. 그리고 생각이 멈춘다. 생각이 멈추고 전생이 보인다.

천안통, 천이통, 신족통, 타심통, 숙명통을 5신통이라고 한다. 특별히 이 다섯 가지 신통력을 따로 묶는 것은 6신통 가운데 누진통이 별개의 영역에 속하기 때문이다.

누진통漏盡通은 번뇌가 모두 소멸되는 신통력이다. 5신통을 이루어도 누진통에 이르지 못하면 해탈에 들지 못한다고 한다.

범부는 숨이 목구멍에서 끊기고
진인은 호흡이 뒤꿈치까지 닿는다

서울 강남구의 양재천 옆 1킬로미터 구간에 맨발 걷기 전용 황톳길이 조성되어 있다. 양말과 신발을 벗어 담벼락에 얹어놓고 40~50분 정도 걸어보니 머리가 시원해지는 느낌이 들었다. 지금

전국 곳곳에 맨발 걷기 황톳길이 조성되어 있다. 효과가 좋다는 입소문이 퍼지면서 맨발 걷기를 하는 사람이 점점 늘어나고 있다. 대한민국의 맨발 걷기 열풍을 보면서 『장자莊子』에 나오는 '진인종식眞人踵息'이라는 단어가 생각났다. '진인은 뒤꿈치로 숨을 쉰다'는 뜻이다.

진인종식에서의 '종踵'은 뒤꿈치를 가리킨다. '진인眞人'은 도가와 불가에서 '깨우친 사람'을 뜻하는데, 조금 더 구체적으로는 '마음이 항상 평화롭고 담담한 경지에 이른 사람'이다. 존재 그 자체가 평화로운 사람은 구원 받은 사람이요, 도를 통한 사람이다. 이런 사람은 숨을 쉴 때 그 호흡이 뒤꿈치까지 깊게 내려간다. 호흡이 뒤꿈치까지 닿으면 마음이 평화롭지 않을 수 없다. 근심, 걱정이 많은 범부凡夫는 숨이 목구멍에서 멈춘다. 헐떡거리는 삶을 산다. 어떻게 해야 호흡이 아랫배를 지나 발바닥까지 내려간단 말인가!

나는 침을 놓을 때 참고가 되는 인체경혈도人體經穴圖를 머리맡에 걸어두고 있다. 이것을 보면 발뒤꿈치 부위에 혈 자리가 있는데, 수천혈水泉穴이다. '샘물이 솟는 혈'이라는 뜻이다. 뒤꿈치 호흡을 하려면 수천혈이 열려야 한다. 현대인은 신경 쓸 게 너무 많아서 항상 머리에 열이 올라 있다. 그러다 보니 뚜껑 열리는 일이 많다. 불타는 머리를 식혀줄 물이 있어야 한다. 이 물을 공급해주는 혈이 발뒤꿈치의 수천혈이다.

발바닥에 있는 여러 개의 혈 가운데 용천혈湧泉穴이라는 것도 있다. 이 역시 샘물이 솟는 자리다. 혼례를 치르고 첫날밤을 치르기 전에 친구들이 신랑의 발바닥을 방망이로 때려주는 풍습이 있었다. 이때 방망이로 때리는 부위가 용천혈이다. 이 혈 자리는 콩팥, 즉 신장을 자극해준다. 곧 성 기능을 활성화시켜주는 것이다. 신장에 적당한 자극을 주면 물 공급이 원활해진다. 물 공급이란 남자의 정력과 직결된다.

맨발로 걷다 보면 발뒤꿈치와 발바닥에 있는 수천혈과 용천혈이 자극될 수밖에 없다. 머리의 화기가 다리 쪽으로 내려가고, 수기는 머리로 올라간다. 머리가 시원해지고 혈액 순환이 원활해지니까 치료 효과가 발생하지 않나 싶다. 딱딱한 구두와 밑창이 두꺼운 운동화를 신고 다니면서는 혈을 자극하기 어렵다. 물론 맨발 걷기를 하면서 내딛는 황토의 좋은 기운도 한몫할 것이다.

나이를 먹을수록 기가 머리로 올라간다. 아래로 내리는 데는 맨발 걷기가 직방이다. 통증만 견딜 수 있다면 바윗길을 걷는 것도 좋다. 암기岩氣를 받을 수 있다.

재물운	돈이 들어오게 하려면 이렇게 하라
재물운과 관운의 관계	법대에 갈 것인가, 의대에 갈 것인가?
인간관계	사람을 얻으려면 때로는 지고, 때로는 손해를 보라
은퇴 이후	강물에 떠내려가는 소는 살고 말은 죽는 이치
운명과 죽음을 대하는 자세	멈춤, 달관 그리고 죽음

Chapter 5

운을 부르는 고대의 지혜

1 재물운

돈이 들어오게 하려면 이렇게 하라

: 돈의 메시지

1달러 동전에 '자유'를 새겨놓은 까닭

강연과 강의, 사적인 대화를 하며 20대 청년들과 이야기를 나누다 보면, 어김없이 돈 문제로 귀결된다. "돈 좀 많이 벌었으면 좋겠어요.", "저에게는 언제쯤 재물운이 찾아올까요?" 등등 돈에 관한 질문이 압도적이다. 인생에 대한 고민이나 사유는 별로 들어본 적이 없다.

내가 젊었을 때만 해도 탐나는 물건이 그리 많지 않았다. 그저 배부르고 등 따뜻하면 그럭저럭 만족할 수 있었다. 그러나 요즘에는 재화가 넘쳐난다. 눈 돌아가게 만드는 것들이 너무나 많다.

하지만 공짜는 없다. 그것을 누리려면 대가를 지불해야 한다. 그래서 요즘 젊은 세대들이 돈에 일찍 눈을 뜬 모양이다.

돈이란 무엇이냐고 누가 물으면 나는 "자유."라고 답할 것이다. 미국 1달러짜리 은색 동전에 보면 'LIBERTY자유·인격체와 시민으로서 누리는 합법적 권리로서의 자유'라고 새겨져 있다. 나는 이것이 미국 사람들의 돈에 대한 철학을 규정한 것이 아닌가 생각한다. 돈과 관련한 자유는 2가지 측면이 있다. 하나는 구속받지 않는 자유다. 돈이 충분하면 월급 타려고 매일 출퇴근길에 시달리지 않아도 된다. 보기 싫은 상사 밑에서 듣기 싫은 소리 안 들어도 된다. 다른 하나는 욕망의 충족이다. 돈이 있으면 생물학적 욕구食·色와 사회적 욕구아파트, 명품, 자동차를 충족시킬 수 있다. 욕망을 충족할 때 사람은 자유를 느낀다. 1달러짜리 동전에 새겨진 '자유'라는 단어가 심오하게 다가온다.

그러면 이 돈은 어디에서 오는가? 많은 사람이 사업적 능력, 아이디어에서 온다고 생각한다. 한편 동양 사상의 관점에서는 과거에 베푼 공덕이 쌓여서 돈으로 돌아온다고 본다. 명리학에서는 이를 '식신생재食神生財'라고 한다.

식신食神은 다른 사람에게 음식을 먹이는 기질을 뜻한다. 상대방이 맛있게 먹는 모습을 바라보면서 흐뭇해하는 사람들은 팔자에 식신이 발달해 있다고 보면 틀림없다. 다른 사람을 먹이는 것

Chapter 5 | 운을 부르는 고대의 지혜

자체를 즐긴다. 이런 기질을 가진 사람이 큰돈을 벌어들인다는 것이 식신생재 개념이다.

적선과 기마이 그리고 뇌물

내 주변에서 큰돈 번 사람들을 관찰한 결과 식신에도 3가지 종류가 있음을 알게 되었다. 첫째는 적선이다. 둘째는 '기마이_{일본어 기마에[氣前·きまえ]가 변한 말로, 돈을 펑펑 쓰면서 뽐내는 기질을 뜻한다}'이며, 셋째는 뇌물이다.

적선은 인정이 발동해서 나온다. 대가를 바라지 않고 베푸는 행위가 적선이다. 기마이는 다분히 낭만적인 스타일이라고 할 수 있다. 마음에 들고 기분이 맞으면 돈을 아끼지 않는다. 어떻게 보면 씀씀이가 헤프다고 할 수 있지만 어찌됐든 베푸는 기질은 기본적으로 갖춘 셈이다. 뇌물은 대가를 계산하고 베푸는 것이다. 일종의 투자라고 할 수 있다. 목적을 달성하기 위해 상대방을 유혹하는 전략이다.

여기서 살펴볼 것은 뇌물이다. 뇌물 주는 것도 밑바탕에는 베푸는 기질이 깔려 있어야 실천할 수 있다. 배짱도 있어야 한다. 인색하고 소심한 사람은 뇌물 주는 것도 제대로 못한다. '이렇게 투자했는데 상대방에서 오는 게 빈약하면 어쩌지?' 하는 의문이 꼬리를 문다. 이러면 뇌물 줄 때도 벌벌 떤다. 뇌물 주는 행위가 대단히 비도덕적인 행위이지만, 도덕을 초월한 돈의 속성을 살펴본다는 관점에서는 한번 들여다볼 만하다.

일제 강점기 때 영천에서 어물 장수를 하던 문명기1878~1968라는 사람이 있었다. 경주, 포항, 영덕 등지에서 생선을 구해다가 영천 시장에서 내다팔았다. 그런데 꽤 묘한 사람이었다. 당시 영천 경찰서장이 일본인이었는데, 그는 서장의 집 대문에 청어를 한 두름씩 몰래 걸어놓고는 했다. 한 두름이면 20마리다. 일본 사람은 고등어를 특히 좋아한다. 일본어로 고등어를 '사바さば'라고 한다. 일제 강점기 때 힘 있는 일본인에게 부탁할 때 고등어 몇 마리 갖다 주면 매끄럽게 기름칠이 되었다고 한다. 무언가를 은밀하게 부탁할 때 쓰는 말인 '사바사바'라는 속어가 여기서 유래했다. 문명기가 일본인 경찰서장에게 수시로 상납한 청어는 당시 고등어보다 급수가 높은 고급 생선이었다.

한 달에 두세 번씩 자기 집 대문에 걸려 있는 청어를 받아먹은 일본인 서장은 그 주인공이 조선인 생선 장수라는 사실을 알게 되었다. 둘이 만났을 때 대충 이런 말이 오갔다. "너는 왜 내 집에 청어를 갖다놓는 것이냐?" "저는 영천 시장에서 생선을 팔아 재미를 보았습니다. 다른 지역의 시장에서 생선을 팔 때는 치안이 좋지 않아서 깡패들에게 보호비를 많이 뜯겼는데, 영천은 치안이 좋아 뜯기지를 않았습니다. 고마운 마음이 들어서 깡패들에게 뜯기지 않은 만큼을 서장님께 현물로 갖다드려야겠다는 생각을 하게 된 것입니다." 경찰서장 입장에서는 자기 관할에 치안이 확보되었다는 말에 기분이 좋았을 것이다. 게다가 생김새가 두툼하고 말솜씨도 조리가 있어 그는 문명기가 마음에 들었을 것이다. '이거 싹수 있는 놈이네.' 그러면 그다음에 나오는 말은 "나한테 원하는 것이 있느냐?"로 이어지기 마련이다. 이때 문명기는 속에 있는 말을 감추지 않았다. "제가 어물 장사를 해서 어느 정도 밑천을 모았습니다. 이 밑천으로 종이 장사를 해보고 싶습니다. 종이 장사를 하려면 신용이 필요합니다. 그래야 제가 외상으로 많은 종이를 매입할 수 있습니다. 한꺼번에 종이를 많이 확보해놓아야 이문이 크게 남는데, 외상 매입을 하려면 명망 있는 분이 제 신원을 보증해주어야 합니다."

1907년 영천 경찰서장의 보증을 등에 업고 문명기는 자기 자본의 10배나 되는 금액의 종이를 외상으로 매입할 수 있었다. 당시 경북 영덕에서 청송 가는 길에 지품면知品面이 있었는데, 이곳에는 속곡과 눌곡이라는 유명한 한지 생산지가 있었다. 한지 원료가 되는 닥나무가 많았던 것이다. 일제 강점기 때 지품면 사람들이 종이를 판 돈으로 영해경북 영덕군에 속하는 읍. 송천 물줄기가 휘돌아 흐르는 들판의 풍경이 인상적이다 들판을 샀다는 이야기도 전해진다.

문명기는 한지를 몽땅 구입해놓고 팔리기를 기다렸지만, 한지를 구입해가던 중국인 상인들이 태클을 걸었다. 시세의 반값이 아니면 안 사겠다고 버틴 것이다. 상황을 예의주시하던 문명기는 세게 나갔다. "반값에는 절대로 안 판다. 차라리 불에 다 태워버리겠다." 실제로 그는 장작에 불을 피워놓고 한지 다발을 던지기 시작했다. 그 모습을 보고 중국인 상인들은 그의 말이 엄포가 아님을 깨달았다. 뒤늦게 제값을 쳐주겠다고 했으나, 이제는 문명기가 칼자루를 쥐고 있었다. 그렇게 해서 문명기는 정상 가격의 몇 배를 받고 자신이 거의 독점하고 있던 한지를 중국인 상인들에게 몽땅 팔았다. 떼돈을 벌었던 것이다. 이후 문명기는 제지업에서 번 돈으로 1932년 금광업에 뛰어들었다. 광산을 인수했던 것이다.

금광업을 할 때 문명기는 순금으로 명함 2장을 만들었다. 명함 전체가 순금이었으니 한 장에 50돈이나 나가는 고가품이었다. 어느 날 경성의 총독부를 찾아간 그는 총독 비서에게 그 명함을 건넸다. 그리고 나머지 명함 1장을 비서에게 건네면서 말했다. "이것을 총독님께 보여드리면서 문명기라는 사람이 면회를 청한다고 말씀 좀 넣어주십시오." 순금으로 만든 명함을 처음 본 총독은 면회를 허락했다. "용건이 무엇인가?" "제가 천황 폐하의 은덕으로 돈을 벌게 되었습니다. 그 보답으로 천황 폐하께 비행기를 헌납하려

문명기의 본명은 문기섭이고, 창씨개명한 일본 이름은 후미아키 기이치로(文明琦一郎)이다. 그가 조선총독부에 비행기 2대 값에 해당하는 10만 원을 납부했을 때 일제는 이를 대대적으로 홍보하며 그에게 '애국옹'이라는 별명을 붙여주었다. 반민특위의 조사를 받던 중 보석으로 풀려났으며, 이후 영덕 일대의 유지로 편안히 여생을 보내다가 90세에 죽었다.

고 합니다." 총독으로서는 매우 반가운 일이었다. 총독은 일본 천황에게 그 사실을 보고했다. 시기를 따져보았을 때 아마도 그 총독은 6대 조선 총독을 지낸 우가키 가즈시게[宇垣一成(우원일성)·1868~1957]였을 것이다.

그러나 약속한 시일이 되어도 비행기는 오지 않았다. 조선 총독이 문명기를 불러 종용했다. 이때 문명기는 금광이 팔리지 않아서 그러니, 금광이 팔리면 곧장 약속을 지키겠다고 대답했다. 천황에게 보고한 사안을 지키지 못하게 될지도 모른다는 조바심에 애가 탄 총독은 문명기의 금광이 팔리도록 자신이 동분서주했다. 마침 당시 일본 전기 회사의 재벌에게 이 건을 부탁했고, 총독에게 잘 보이고 싶었던 재벌 회장은 문명기의 금광을 시세보다 비싸게 매입해주었다. 당시 금액으로 12만 원이었다고 한다. 문명기는 금광을 팔아서 챙긴 돈에서 10만 원을 떼어 비행기 값으로 헌납하고 나머지는 자신이 챙겼다. 문명기로서는 엄청나게 남는 장사였다고 한다.

해방 후 문명기는 반민특위의 조사를 받았고, 현재 친일파 명단에 이름이 올라 있는 문제적 인물이다. 일제에 부역한 사실은 비판받아 마땅하다. 다만 그가 큰 재물을 손에 넣게 된 과정을 살펴보면 돈의 속성에 대해서 어느 정도 힌트를 얻을 수 있다. 서장에게 바친 청어는 적선이었고, 한지를 장작불에 던진 배짱은 기마이에 해당하고, 순금 명함과 비행기는 뇌물로 분류하면 어떨까? 3가지 종류의 식신을 과감하게 행했기에 그는 큰돈을 벌어들일 수 있었다. 식신생재의 팔자였음이 분명하다.

돈이 보내는 엄중한 경고, 재다신약

현대 창업주인 정주영 회장을 비롯하여 내가 만나본 부자들의 80퍼센트가 식신생재의 팔자였다. 하지만 식신하여 생재生財하면, 이후에 찾아오는 단계가 재다신약財多身弱이다. 돈이 많으면 몸이 약해지는 것이다. 왜 그럴까?

우선 생각할 수 있는 것이 돈 벌려고 정신없이 뛰느라 자기 몸 챙기는 일에 소홀했을 것이라고 예상할 수 있다. 그런데 유독 재벌 회장들이 폐암과 같은 폐병에 많이 걸린다. 70세에 세상을 떠난 조양호 한진그룹 회장이 폐병으로 세상을 떠났다. 뿐만 아니라 삼성의 이병철 회장을 비롯해서 현대산업개발 정세영 회장, 금호아시아나그룹 박성용 회장, SK 최종현 회장, 금호 박정구 회장도 폐암으로 타계했다. 삼성의 이건희 회장도 폐암 수술을 받은 적이 있다. 왜 재벌 회장들이 폐병에 잘 걸리는 걸까? 담배를 많이 피우는 것도 아닌데 말이다.

음양오행에서 폐장은 금金에 해당한다. 금은 '골드'가 아니라 '쇠'를 가리킨다. 쇠는 계절로 치면 서리가 내리는 가을이다. 금 체질은 경우가 바른 동시에 결단력이 좋다. 51 대 49의 아슬아슬한 상황에서 한쪽을 과감하게 버리고 다른 한쪽을 취하는 능력이 결단력이다. 어느 자리보다 이 결단력이 요구되는 직업이 재벌 회장이다. 매사가 결단의 순간이다. 이것이냐 저것이냐 하는 애매한 상황에서 판단을 내려야 한다. 그게 쉬우면 누가 못하겠는가. 보통 사람들은 어려운 결단을 내릴 때마다 배터리가 뭉텅이로 소모된다. 한쪽을 버린다는 것이 그만큼 어렵기 때문이다. 재벌 회장들은 사업을 하면서 큰 결단을 해야 하는 상황에 자주 몰리다 보니 폐의 기운을 과도하게 소모한다. 즉 금의 기운을 과도하게 소모한 결과 폐병이 오지 않는가 싶다. 현대 의학적인 진단이 아니라 동양 사상에서 죽 내려오는 음양오행설의 해석이다.

재벌 회장들이 폐질환을 겪는 다른 이유는 '폐肺'라는 한자에서 힌트를 얻을 수 있다. 月육달월·肉 옆에 시장 시市 자가 붙어 있다. 호흡과 관련한 중요한 내장 기관을 표현하면서 왜 신체를 뜻하는 글자[月/肉]와 시장을 뜻하는 글자[市]를 붙여놓았을까? 폐가 시장의 상인과 관련이 깊은 장기라는 뜻을 내포한 것은 아닐까? 옛날 시장에는 사람들이 북적대니까 흙먼지를 비롯한 각종 분진이 많았을 것이다. 먼지가 많은 환경에서 오랫동안 장사를 하다 보면 폐에 타격이 올 수밖에 없다.

그리고 폐는 하늘의 천기天氣를 들이마셨다가 내뱉는 기능을 한다. 코로 들어온 천기가 결국 폐를 통과한다. 하늘의 기운이 인풋in-put과 아웃풋out-put을 반복하니까, 과거에 인파가 가장 많이 들락날락하는 곳인 시장을 폐라는 글자에 넣은 것인지도 모른다. 폐는 기운이 왔다 갔다 하는 장소인 것이다. 폐에 이상이 생겼다는 것은 기운이 왔다 갔다 하는 작용에 이상이 발생한 셈이다. 유독 재벌 회장들에게 이런 문제가 나타나는 이유는 '슬픔' 때문이다.

음양오행설에서는 슬픔이 폐를 친다고 본다. 슬픈 일을 많이 겪으면 폐에 이상이 온다는 말이다. 살아가면서 사람은 슬픈 일을 많이 겪지만, 큰 사업을 하면서 수많은 사람을 거느리고 실핏줄처럼 숱한 인간관계를 맺는 재벌 회장에게 가장 빈번하게 타격을 주는 것은 '인간에 대한 배신감'이다. 철석같이 믿었던 사람으로부터 배신을 당하는 일을 여러 번 겪다 보면 제아무리 단단한 사람이라도 조금씩 무너지기 마련이다. 수십 년 지기가 적대 진영에 가담한다든지, 가장 신뢰하던 오른팔이 장부를 가지고 도망간다든지, 가족이 자기 등에 칼을 꽂는다든지 하는 일이 비일비재하다. 인간을 향한 환멸은 깊은 비애에 빠지게 만든다.

다행히 이해타산을 떠나 인간적으로 마음을 터놓을 수 있는 정직한 사람이 주변에 있다면 좀 낫겠지만, 주위에 온통 이권으로만 엮인 인간들밖에 없다면 그 환멸을 감당할 수 없다. 천기가 왕래하는 폐장의 기능이 막혀버린다. 폐암으로 간다.

적당한 크기의 재물을 가지고 있을 때는 주변에 밥도 많이 사고 여유 있게 살 수 있다. 하지만 감당하기 힘든 만큼의 재물이 들어오면 그때부터는 사람이 돈에게 주도권을 빼앗기게 된다. 온갖 귀신들이 달라붙고, 온갖 '물건'들이 달려든다. 재다신약 상태에 빠지지 않을 수가 없다. 재다신약이 되면 돈을 풀어서 해결해야 한다. 돈을 풀면 아귀처럼 달려들던 귀신들이 신장神將으로 변하고, 파리처럼 꼬이던 사람들 가운데 많은 이가 내 편이 된다. 혜택을 입은 사람들이 칭송을 하고 좋은 에너지를 보내주기 때문이다.

돈은 팔자다. 팔자에 돈 없는 사람이 과도하게 돈에 집착하면 수명이 단축되거나 감옥에 가게 된다. 이 세상에 돈 안 벌고 싶은 사람이 어디 있겠느냐마는, 집착하고 매달린다고 돈을 많이 버는 것이 아니라는 이치를 깨달아야 한다.

장사 잘되는 집이 확장 이전해서 망하는 이유

끼니때마다 손님으로 북적이던 음식점이 돈 좀 벌었다고 넓은 곳으로 확장 이전했다가 망하는 경우를 여러 번 목격했다. 시장 골목 같은 데서 구질구질하게 밥집을 하던 사람이 시장 밖으로 옮겨서 떡 벌어지게 큰 건물을 지으면 이상하게도 잘 안 되는 것이다. 사장이나 주방 요리사가 바뀐 것이 아니고 재료에 변화를 준 것도 아니어서 음식 맛은 그대로인데 말이다. 대를 이어 꽤 오랫동안 장사하는 잘되는 집 사장들에게 "이렇게 좁은 데서 하지 말고 좀 넓은 데로 옮기시지요." 하고 말하면, "그냥 여기서 소박하게 하는 게 좋습니다."라고 겸손하게 답한다. 그런 사장들은 장사 잘된다고 덩치를 키워서 자리를 옮기는 것이 리스크가 크다는 사실을 경험적으로 아는 것이다.

좁은 데서 넓은 데로 옮기면 어떤 위험이 따르는가? 우선 장사 잘되던 그 터가 명당인 경우가 있다. 좁지만 좋은 기운이 솟아나는 명당인데, 괜히 거기를 박차고 나왔다가 명당 아닌 데로 가는 수가 있는 것이다. 명당에서는 땅 밑에서 좋은 기운이 올라온다. 그곳을 찾는 사람들은 알게 모르게 그 기운의 세례를 받는다. 기분이 좋고 피로가 덜하다. 밥 때가 되었거나 술 약속이 있을 때 자연히 그런 곳이 제일 먼저 떠오른다.

또 하나의 이유는 공덕功德의 힘이 약해지는 것이다. 공간이 넓어지면 그만큼 집주인의 공덕을 키워서 공간을 채워야 한다. 작은 공간에서 음식점을 할 때는 찾아온 객을 살뜰히 살피던 집주인의 공덕이 공간을 넓히면서 옅어지는 수가 있다. 공덕이 차지 않은 공간에서는 운을 기대하기 어렵다. 아니, 오히려 불운이 찾아와서 문제가 생긴다. 소위 말하는 '마천루의 저주'도 같은 방식으로 해석할 수 있다.

'마천루摩天樓'란 하늘을 찌를 듯이 높이 솟은 건물을 일컫는다. '마천루의 저주'는 초고층 건물을 세워놓고 나면 이상하게도 안 좋은 일이 일어나는 현상을 말한다.

1930~31년 미국 뉴욕시티에 크라이슬러 빌딩77층, 319.4미터과 엠파이어스테이트 빌딩102층, 381미터이 세워질 무렵 세계 대공황이 시작되었다. 1970년대 중반 역시 뉴욕에 세워진 세계무역센터 쌍둥이 빌딩은 각각 415미터, 417미터였고, 시카고의 시어스 타워는 442미터였는데, 이 빌딩들이 세워진 뒤 오일쇼크가 발생했다. 더구나 세계무역센터는 9·11 테러 때 공중 피랍된 비행기가 들이받

아 무너지기까지 했다. 말레이시아의 페트로나스 타워는 452미터인데, 이 건물이 생기고 나서 아시아 외환 위기가 닥쳤다. 1997년의 일이다. 2004년 대만에서는 타이페이 금융센터가 건립된 뒤 주력 분야인 IT 산업이 붕괴했다.

2017년 롯데그룹 오너 일가가 줄줄이 기소되었다. 검찰은 창업주 신격호 회장을 비롯하여 그의 자식들과 관련 인물들에게 5년에서 14년에 이르는 징역형과 수천억 원의 벌금과 추징금을 구형했다. 법원에 의해 형량이 줄어들기는 했지만, 검찰이 재벌가에 대해 중형을 구형한 것은 매우 이례적인 일이었다. 어쩌다 롯데 일가가 이런 처지가 되었는가?

내가 보기에 롯데 오너 일가의 검찰 기소는 서울 잠실에 지은 123층 555미터의 초고층 빌딩인 롯데월드타워가 단초가 되었다. '마천루의 저주'를 받았다는 말이다. 단군 이래로 한반도에 들어선 가장 높은 건축물을 롯데가 올린 것이다. 삼성의 이건희도 하지 못한 일이고, 살아생전 서울 여의도에 그토록 초고층 빌딩을 짓고 싶어 했던 통일교 교주 문선명도 이루지 못한 일이다. 이처럼 큰일을 롯데의 신격호가 해냈으니 그가 대단한 인물이기는 하다.

그런데 사실 우리나라 국민들 의식 속에는 롯데가 이렇다 할 기업보국企業報國을 한 사례가 없다. 껌 팔고 과자 팔아 각종 소매업, 백화점, 마트를 비롯한 유통과 레저 산업으로 성공한 기업이

한강 건너편으로 보이는 롯데월드타워. 한반도에서 가장 높은 빌딩이다. 시공 단계부터 군사 비행 구역을 침해했는데도 준공 허락이 떨어졌다는 등의 특혜 논란이 일기도 했다. 서울을 찾는 외국인 관광객들에게는 서울을 대표하는 랜드마크로 여겨지고 있다.

다. 현대의 조선이나 자동차처럼 중후장대重厚長大한 사업을 한 것이 없고, 삼성의 반도체나 휴대폰처럼 경소단박輕小短薄의 첨단 기기를 만든 것도 아니다. 국민들 눈에는 소비를 부추기고 여흥을 이끄는 일밖에 한 것이 없는 기업인데, 어느 날 잠실에 123층짜리 마천루를 우뚝 세운 것이다.

롯데는 123층이라는 어마어마한 공간을 채울 만큼 그동안 사회적 공덕을 쌓아왔는지 헤아려보아야 한다. 여기까지 오는 과정에서 수많은 납품업자와 입점주들의 원망하는 소리를 외면하지 않았는지 반성해야 한다.

항룡유회亢龍有悔다. 하늘로 치솟은 용도 뉘우치고 후회하는 날이 온다. 하물며 용이 못 되는 자가 작은 성공에 도취되어 자만하고 스스로 돌아볼 줄 모르면 반드시 재앙이 따른다. 공덕이라는 반석 위에 선 성공만이 진짜 성공이고, 그 위에 쌓인 재물만이 진짜 재물이다.

2 재물운과 관운의 관계

법대에 갈 것인가, 의대에 갈 것인가?

: 재물과 관직의 상관관계

관리 출신 정치인이 성공할 수 없는 이유

　우리나라는 고려 시대부터 과거제를 통해 관직에 인재를 등용했다. 1990년대까지만 해도 시험 잘 치러서 '과거'에 합격하면 성공한 인생이라 여겼다. 벼슬이 보장되었고, 그러면 최소한 먹고사는 문제는 해결되었기 때문이다. 이웃나라 일본에는 과거 제도가 없었다. 종이에다가 무엇을 적어서 내는 시험이 없었다는 말이다. 칼 잘 쓰는 사람이 장땡이었다. 칼잡이는 목숨을 걸고 상대를 제압해야 한다. 여차하면 목이 떨어져나간다. 허례虛禮와 개폼이 끼어들 여지가 없다. 사무라이가 대접받는 사회와 과거 합격자가 대접받는 사회는 그 근본부터 다를 수밖에 없었다.

과거에 합격한다고 일사천리一瀉千里는 아니다. 관운官運이 따라야 한다. 관운의 본질은 "예스Yes"다. '예스'를 잘해야 관운이 따른다. 예스를 잘 못해서 때때로 "노No"라고 말하는 사람에게는 관운이 안 붙는다.

관운은 소의 코뚜레에 비유할 수 있다. 소를 부리는 사람은 소를 통제하기 위해 소의 코에 구멍을 뚫고, 이 구멍에 코뚜레를 꿰어 줄을 잡아당김으로써 말을 듣게 한다. 밭에서 쟁기질을 하거나 수레에 짐을 실어 나를 때 소가 말을 듣지 않으면 곧장 코뚜레와 연결한 줄을 잡아챈다. 그러면 소는 순순히 따를 수밖에 없다. 소가 원래 순해서 사람 말을 잘 듣는 게 아니다. 관운이 있는 사람은 태어날 때 이 코뚜레를 착용하고 나온다. 반대로 관운이 없는 사람에게는 코뚜레가 없다. 그래서 통제 불능이다.

코뚜레 없는 소의 대표격이 스페인의 투우鬪牛다. 투우는 천성적으로 뿔로 사람을 들이받도록 되어 있다. 사람 말을 들으면 안 된다. 무조건 돌진해서 들이받아야 한다.

공직에 뜻이 있으나 관운이 없는 사람에게 제격인 직업이 정치인이다. 타고난 정치인은 투우의 기질을 갖고 있다. 때때로 코뚜레를 찬 농우農牛와 야성의 투우가 정치판에서 맞붙는 일이 일어난다. 대권이라는 콜로세움에 고건과 반기문이 등장한 적이 있다.

이들은 대표적인 농우다. 관운이 좋아서 고건은 총리를 몇 번 했고, 반기문은 외교통상부 장관을 거쳐 유엔UN 사무총장까지 지냈다. 최상의 관운을 타고나서 그 자리까지 올랐다. 하지만 농우가 대권 경기장에 나서자 초전박살 탈락되었다. 뿔로 들이받는 것이 정치판인데, 농우들은 평생 주인이 하자는 대로 열심히 밭 갈고 짐 나른 수동적인 존재들이다. 뭘 들이받겠는가! 농우를 투우장에 데려다 놓으니까 벌벌 떨다가 끝나버렸다.

성남시장 시절부터 이재명은 투우 기질을 여실히 보여주었다. 창을 빼든 투우사와 맞서면서도 겁을 내는 기색이 전혀 없었다. 창에 찔려 죽더라도 일단은 달려드는 게 투우의 숙명이다. 관운이 없고 예스도 할 줄 모르는 투우는 죽기 살기로 덤벼들어서 투우사의 엉덩이를 들이받아 공중으로 쳐올려야 승리한다. 만약 여기서 살아남는다면 새로운 차원으로 진입한다. 지금 이재명이 어떻게 되어 있는지 보라!

오랫동안 우리 사회는 고시 합격을 인재의 등용문으로 여겼다. 고대부터 서양은 전쟁에서 승리하거나 배 타고 나가 장사를 잘해서 자신의 능력을 입증한 인물을 인재로 등용하는 전통을 이어왔다. 일본의 사무라이와 비슷하다. 답안지로 당락을 가르는 고시의 틀 안에서 성장한 사람은 "노" 하기 어렵다. 때로는 노맨no-man이 있어야 조직이 건강할 수 있는데, 죄다 예스맨yes-man만 줄을 세우는 공직 사회가 어찌 건전하고 창의적일 수 있겠는가. 그렇다고 조직에 노맨이 너무 많아서는 안 된다. 내가 생각하기에는 10퍼센트 정도의 노맨이 적당하다. 하지만 우리 사회는 관운을 중시하기에 노맨이 살아남기 어렵다. 4차 산업 시대에는 창의력이 중요한데, 이 창의력의 바탕이 되는 야성을 지니고서 "아니요."라고 말할 수 있는 인재는 살아남기 어려운 게 우리 사회의 분위기다.

사주 명리학에서는 상관傷官에 대해서 이야기한다. 글자 그대로 풀이하면 '관을 상하게 한다'는 뜻, 즉 관에 상처를 준다는 의미인데 권위를 깨뜨리는 자유로운 성향을 표현하는 말이다. 상관이 있는 사람은 아이디어가 풍부하다. 자기주장을 잘 굽히지 않지만, 상대의 가려운 부분을 잘 파악해서 긁어주는 능력이 발달해 있다. 우리 사회의 패러다임이 점점 변화하고 있기에 오래지 않아 관운보다는 상관이 발달한 팔자들이 재미 보는 세상이 다가오지 않을까 생각한다.

팔자에 재물운이 없으면 관리가 되라

신문사 간부를 지내고 퇴직한 원로 언론인과 점심을 같이 먹다가 아주 인상적인 대화를 주고받았다. 난다 긴다 하는 논객, 문필가들과 수십 년간 밥과 술을 먹으면서 그들의 행태를 관찰해온 인물이다. 그가 나에게 일종의 점괘를 날렸다. 나도 남의 팔자를 예측해보는 팔자학八字學을 연구하는 사람이지만, 한 분야에 30~40년간 종사한 사람들에게는 겸허하게 나의 점괘를 맡기기도 한다.

"조 선생은 문필가로서 계속 글을 쓸 사람이야."

"무얼 보고 그걸 아십니까?"

"푼돈에 민감하고 큰돈에는 무관심한 사람이 타고난 문필가요."

"푼돈이라니요?"

"원고료, 강연료 이런 데는 민감하지만, 큰돈에는 별 관심이 없지 않소?"

맞는 말이었다. 나는 신문, 잡지 등의 매체에 글을 쓸 때 원고료를 얼마 줄 것인지 사전에 반드시 물어본다. 강연료도 마찬가지다. 돈은 더럽기도 하지만 공기와 물처럼 잠시도 없으면 안 되는 물건 아닌가. 처음에 화기애애하다가 맨 나중에 돈 이야기를 꺼내면 관계가 어그러지는 경우가 있다. 그래서 눈 딱 감고 돈 얘기부터 제일 먼저 꺼낸다. 그렇다고 목돈을 만들 수 있는 재테크에는 아예 관심이 없다. 주식 투자 같은 것도 생각해본 적 없다. 큰돈에 마음이 가면 글을 못 쓴다. '이런 푼돈 받고 어쩌겠다는 것인가?' 하는 생각이 들면 펜을 잡을 수가 없다.

남자 팔자 중에 제일 재미없는 팔자가 무재팔자無財八字라고 생각해왔다. 팔자에 돈이 없으면 고생길이 훤한 것 아닌가. 그래서 딸 시집보낼 때 사윗감 될 사람의 팔자에 돈이 들어 있는가를 제일 먼저 본다. 무재팔자는 바로 탈락이다.

그런데 남자의 팔자 중에 가장 한심한 팔자가 무재팔자라 여기던 고정관념에 타격을 준 인물이 있다. 2025년 현재 경북 안동의 도산서원 원장을 맡고 있는 김병일1945~이다.

이 양반의 팔자를 보니 돈이 하나도 없는 무재팔자였다. 그런데 놀랍게도 김병일이 그동안 살아온 인생 행보를 보면 돈 있는 데만 골라 다녔다. 고시 합격하고 재정경제부에 근무하다가 조달청장도 지냈고 마지막 공직으로는 기획예산처현 기획재정부 장관까지 역임했다.

조달청이 어떤 곳인가? 과거에는 여기에 납품하려고 온갖 업체들이 기를 쓰고 로비를 했다. 막대한 돈이 오가는 곳인 만큼 비리와 부패의 사슬에서 자유롭지 못했다. 그런데 김병일 조달청장은 이 거대한 판돈이 오가는 자리에 있으면서도 뇌물 비리나 금전 스캔들에 연루된 일이 단 한 건도 없었다. 비리를 저질렀다면 어떻게 기획예산처 장관에 올랐겠는가. 그런데 기획예산처는 조달청보다 더 큰 판돈이 오가는 곳이다. 대한민국 예산을 다룬다. 어디 가서 목에 힘주고 다니는 고위 공직자들도 기획예산처에 가서는 손바닥을 비빈다.

　김병일 원장을 알기 전까지 나는 이처럼 큰돈을 주무르는 기관장은 관운 못지않게 팔자에 돈이 많을 것이라 생각했다. 그러나 아니었다. 김 원장은 그야말로 팔자에 땡전 한 푼 없는 무재팔자였다. 그런데 이게 관운에는 매우 긍정적으로 작용한다. 청렴하려면 무재팔자여야 하는 것이다. '무재無財라야만 국재國財를 감당한다'는 이치를 깨닫게 된 것이다. 무재팔자여서 아무리 큰돈이 주변에 왔다 갔다 해도 본인 몸에는 한 푼도 안 붙는다. 무재팔자라는, 돈이 달라붙지 못하도록 막아주는 방탄복을 착용한 것과 같다.

　"생활은 어떻게 했어요?" "집사람이 약국 해서 먹고살았지."

　스스로 무재팔자인 걸 알아서 장관 퇴임하고 나서 돈과는 거리가 먼 자리로 갔다. 20대 시절부터 안동 일대의 선비 문화와 퇴계 선생을 흠모해온 터에 안동의 도산서원에 자리를 잡은 것이다. 만약 장관 퇴임한 뒤 서울의 대형 로펌에 갔다면 억대 연봉 이상을 받았을 것이다.

　김병일 원장은 2019년 봄에 서울에서 안동 도산서원까지 걸었던 퇴계 선생의 길을 따라가는 귀향길 행사를 주관하고, 같은 해에 그 소회를 담은 『퇴계의 길을 따라』라는 책을 펴냈다. 나는 돈에 흔들릴 때마다 김병일 선생을 쳐다본다.

돈이 넘쳐도 돈의 주인으로 살지 못하면 무재팔자다

아는 사람이 고등학생 아들을 데리고 왔다. 공부를 잘한다고, 그 지인이 평소에 아주 자랑스러워하던 아들이었다. "법대와 의대 중에 어느 쪽으로 보내면 좋겠습니까?" 하고 나에게 상의를 했다. 아들의 팔자를 보았다. 무재팔자였다. "법대를 보내세요."라고 조언했다. "왜 의대가 아니고 법대입니까?" "재물이 없는 팔자라서 어차피 돈이 붙기 힘듭니다. 돈이 안 붙는데 의대 가서 뭘 합니까? 고생만 하는 거죠. 대신 법대에 가서 판사가 된다면 청렴해서 주변의 존경을 받을 겁니다."

무재팔자는 나쁘게 보면 돈이 없어서 피곤한 팔자지만, 좋게 보면 돈 때문에 꼬일 일이 없는 팔자라 할 수 있다. 그러니 무재팔자는 명예를 높이는 쪽으로 가면 좋다. 그러나 세상은 요지경이다. 내가 보기에 분명히 무재팔자인데 엄청난 수입을 올리는 사람을 만난 적이 있다.

15년 전쯤의 일이다. 외국계 투자 회사의 간부와 인연이 닿았다. 직업이 아주 번드르르해서 만나기 전에 그 사람의 팔자를 풀어보았다. 놀랍게도 무재팔자였다. 그런데 현실은 정반대였다. 그 사람 연봉이 300만 달러, 우리 돈으로 40억 원이 넘었다. 거기에 당해 연도 실적이 좋으면 보너스로 100만~200만 달러를 더 받는다고 했다. 합쳐서 연봉 500만 달러짜리 인생이었다. 세상에는 팔자와 무관하게 살아가는 사람도 있구나, 하고 고개를 갸웃거렸다.

내가 속물이어서 그런지 이 투자 회사의 간부를 만나면서 '돈 좀 쓰겠지.' 하고 나름 기대를 했다. 그를 만나 명리학과 풍수에 관한 이야기도 좀 하고, 인생의 이런저런 이치와 사례에 대해서도 전해주었다. 인문학 강좌라고 할까, 인생학 과외라고 할까, 뭐 그런 거였다. 그런데 돌아오는 것이 기대 이하였다. 봉투는 아예 없고, 선물이랍시고 과일과 와인 2병 그리고 양말 쪼가리가 전부였다. '아, 짠돌이구나!' 그제야 그가 무재팔자라는 사실이 퍼뜩 머리에 떠올랐다. 무재팔자의 새로운 유형을 발견하게 된 것이다.

돈은 장부상의 돈과 자기 주머니 안의 돈으로 나뉜다. 장부상의 돈이 많다고 해서 주변 사람에게 후한 것은 아니다. 특히 무재팔자인데 돈이 많다면 거의 백 퍼센트 짠돌이라고 보면 틀림없다. 장부상의 돈이 아무리 많아도 자기 주머니에는 한 푼도 없는 것이다.

한번은 이 사람이 연락을 해서 자기가 일본 요코하마의 전망 좋은 바닷가에 집을 샀다고 자랑하며 놀러 오라고 했다. 당연히 비행기 표는 제공하지 않았다. "바빠서 못 가겠소." 하고 거절하고는 그의 전화번호를 스팸으로 등록해버렸다. 다시 한 번 그가 무재팔자임을 실감했다.

돈이 아무리 많아도 제대로 쓸 줄 모르면 그 돈은 그 사람 것이 아니다. 돈을 쓰지도 않으면서 장부에 적힌 숫자가 커지는 것에 흐뭇해하는 사람은 무재팔자다. 돈을 상전上典으로 모시는 이는 돈의 주인이 될 수 없다.

이상하게도 대기업의 자금을 담당하는 간부이거나, 아니면 금융업 분야에서 수천억 내지는 조 단위를 다루는 사람들 중에 짠돌이가 많다. 이득이 없는 일에는 한 푼도 쓰지 않는다. 돈을 좀 쓴다 싶으면 반드시 이해관계가 걸려 있다. 계산이 철저하다. 이득이 없고 이해관계가 걸려 있지 않아도 돈을 쓸 수 있는 사람이 재물운을 타고난 사람이다.

내가 아는 사람 중에 성공회 신부가 있다. 이 양반도 무재팔자다. 팔자에 걸맞게 아주 소박하게 살고 있다. 정년퇴직하고 시골 동네의 술병처럼 생긴 바위 밑에다 흙과 돌무더기를 얼기설기 엮어서 토굴을 만들었다. 서너 평이나 될까? 토굴 안에는 책 몇 권에 나무로 만든 탁자, 커피포트 정도만 있다. 내가 가면 그라인더에 원두를 갈아서 커피를 한 잔 내놓는다. 흙으로 엮은 토굴 안에서 풍경을 바라보며 커피 한잔하면 묘하게 자족감이 밀려온다. 보이차도 좋지만 서양 커피의 향이 흙집과 어울린다는 사실을 처음 알았다. 퇴직 신부는 돈 벌 생각이 아예 없고 선교를 하려고도 하지 않는다. 토굴 하나 가진 것만으로도 하느님의 축복이라 여긴다. 없이 살아도 만족하는 마음이 도력 아니겠는가! 승화된 무재팔자의 풍류다.

3 인간관계

사람을 얻으려면
때로는 지고, 때로는 손해를 보라

: 좋은 관계를 만들고 유지하는 방법

이기려 하면 잃고, 버리면 얻는다

현재 대한민국의 국론은 분열되어 있다. 좌와 우, 보수와 진보의 견해차가 심하다. 국론이 통일된다고 반드시 좋은 것만은 아니지만, 분열이 심하면 국력이 소모된다. 사람이 여럿 모인 자리에서 함부로 정치 이야기를 꺼냈다가는 큰일 난다. 십중팔구 싸움이 벌어진다. 정치 토론을 하는 것은 싸움으로 가는 보증 수표다.

의견이 달라도 상대방의 주장에 일리가 있을 수 있는데 자기주장이 확고해서 들으려 하지 않는다. 무조건 배척한다. 이러니 정치적인 사안을 입에 올리는 것은 자살행위다. 서로 감정의 골만 깊어진다. 평소에 친하게 지내던 사람들도 정치 이야기를 하다가 입장이 갈라져 소원해지는 경우가 많다. 정치 얘기는 아예 금하는 게 현명한 처사다.

하지만 어찌 주구장창 날씨 이야기만 하고 있겠는가. 어쩌다 정치 이야기가 나오고 결국에는 감정만 상한 채 돌아선다. 그래서 나는 요즘 모임에 아예 안 나간다. 집에서 혼자 보이차나 한 잔씩 마신다. 홀로 마시는 독차야말로 차의 진수다. 옛 어른들이 왜 독락당獨樂堂·경북 경주 안강읍 옥산리에 있는 조선 시대 건물이다. 여주 이씨의 종택에 속해 있다. 조선 시대에 벼슬을 잃었거나 시정에 거리를 둔 유학자들이 찾아가고는 했다에 들었는지 이해가 간다.

앞서 도산서원 원장으로 있는 김병일 선생에 대해서 이야기했다. 이 김 원장께서 초대해 퇴계 이황 제사에 참석했다. 비유하자면, 다른 고장에서는 유교라는 저수지의 물이 거의 다 빠졌지만 도산 일대에는 아직 그 물이 덜 빠졌다. 저수지의 가장 깊은 지점이라서 물웅덩이가 아직 남아 있는 것이다. 그 마지막 물웅덩이인 도산에 퇴계 학풍이 이어져오고 있다.

김 원장이 퇴계의 생전 언행록言行錄 가운데 한 대목을 소개해주었다. 그 대목이 가슴에 들어와 박혔다.

不能舍己從人불능사기종인 學者之大病也학자지대병야, 天下之義理無窮 천하지의리무궁 豈可是己而非人기가시기이비인

뜻을 풀어보면 이렇다.

자기주장을 버리고 타인의 주장을 수용하지 못하는 것이 / 학자들의 큰 병이다. / 천하에 진리가 끝없이 많은데 / 어찌 자기만 옳고 타인은 틀리다고 할 것인가!

'불능사기종인'이라는 글귀에 특히 공감했다. 공감에는 반성이 포함되어 있다. 반성하면서 공감하는 것이다.

경북 안동시 도산면에 위치한 도산서원. 퇴계 이황 사후인 1576년 지어졌다. 원래 퇴계는 낙향한 뒤 1561년 도산서당을 지어 후학을 양성했다. 도산서원은 퇴계의 학행과 덕행을 추모하기 위해 지어진 것이다. 서원이 완공되기 전이었던 1755년 선조가 한석봉의 글씨로 쓴 '도산서원'이라는 사액을 내림으로써 사액 서원이 되었고, 영남 유학의 총본산으로 자리매김하게 되었다.

내 생각과 조금 다르다고 할지라도 상대방의 이야기를 수긍하는 도량이 왜 나에게는 없는가! 속으로 수긍이 안 되더라도 겉으로 수긍하는 척하는 매너가 왜 이렇게 부족한가! 의견이 다른 부분은 시간을 두고 천천히 이야기를 나누어봐야 한다. 그 자리에서 반박할 일이 아니다. 반박하려면 서로 어느 정도 인간적으로 친해진 다음에야 해야 한다.

퇴계 이황1501~1570은 자신보다 26살이나 어린 고봉 기대승1527~1572과 8년 동안 사단칠정四端七情 논쟁을 벌였지만, 아들 같은

고봉의 주장을 일정 부분 받아들였다. 나중에 고봉은 퇴계를 스승으로 모셨고, 퇴계는 임금에게 천하의 인재로 고봉을 추천했다. 논쟁의 결과가 스승과 제자 관계로 귀결된 것이다.

퇴계와 고봉의 이야기는 국론이 분열된 오늘을 사는 우리에게 많은 것을 가르쳐준다. 먼저 나와 의견이나 주장이 다른 이의 이야기에 귀 기울이고, 그 이야기 속에서 옳은 부분이 있다면 인정하고 수용하며, 어떤 경우라도 적대적인 관계로 악화되는 것은 피해야 한다는 점이다. 논쟁의 최종 목적은 상대를 꺾는 것이 아니라, 설득하고 내 편으로 만드는 것이다. 그러려면 내 쪽에서도 내주는 것이 있어야 한다. 상대의 의견 가운데 수긍이 가는 부분에는 고개를 끄덕여야 한다는 말이다. 이기려 하면 잃고, 내 의견의 일부를 버리면 얻는다.

더 큰 이득을 얻으려면 손해를 두려워 말라

골동품을 취급하는 골동품상骨董品商에게 가장 중요한 자질이 안목이다. 가품인지 진품인지 가려낼 수 있어야 손해를 안 본다. 수억 원 내지는 수십억 원이 오가는 살 떨리는 현장에서 진품을 가려내려면 고도의 훈련을 거쳐야 할 뿐 아니라 물건을 알아보는 직감력을 가져야 한다. 가짜를 만들어내는 쪽에서도 고도의 기술을 쓰기 때문이다. 그리고 프로 골동품상에게 꼭 필요한 태도가 있다. 스스로 진짜라고 감정해서 구매 결정을 내리면 번복해서는 안 된다는 점이다. 나중에 물건이 가짜라고 밝혀져도 물려서는 안 된다. 한 번 구입하면 그것으로 끝이다.

골동품상의 안목에도 급수가 있다. 이를 크게 행상行商과 좌상坐商으로 나눈다. 행상은 자기 가게가 없다. 주로 물건을 구해서 다른 쪽에 넘기는 일을 많이 한다. 중간 상인이다. 행상을 10년 이상 해서 실력을 쌓고 돈을 벌면 자기 가게를 연다. 좌상이 되는 것이다. 좌상은 돌아다니지 않고 자리를 지키고 앉아 영업을 한다. 행상보다 좌상이 몇 수 위다. 급수가 다르다는 것은 안목의 차원이 다름을 뜻한다.

일본 도쿄에 내로라하는 역사를 지닌 골동품 가게가 두 군데 있다. 용천당龍天堂과 불이당不二堂이다. 니혼바시도쿄의 역사가 오랜 구역으로 옛 건물과 현대 건물이 어우러져 독특한 분위기를 띤다에 있는데 나는 아직 가보지 못했다. 불이당의 주인이 사카모토라는 인물이다. 그가 수십 년 전 한 일간지에 골동품상의 안목과 처신에 관련된 일화를 연재한 적이 있다.

골동품 가게에서 종업원으로 일하던 사카모토가 독립하게 되었다. 일본에서는 종업원이 독립할 때 주인 되는 사람이 자금을 대주고 거래처와 인맥을 연결해주는 것이 관행이다. 그래서 종업원이 독립하고 난 뒤에도 원래 주인과 좋은 관계를 유지하면서 서로 협조한다. 한국에서는 종업원이 독립해 나가면 원래 주인과 경쟁 관계가 되어서 서로 다투기 마련인데, 한일 간의 상도商道가 대조적이다.

행상에서 좌상으로 변신한 사카모토는 물건을 구하러 중국 베이징의 골동품상을 찾아갔다. 거기에서 골동품을 떼다 도쿄에서 팔기 위해서였다. 사카모토는 이때 좌상으로 갓 독립한 자신의 처지를 이야기하면서 도움을 청해야 했다. 하지만 그는 건방기가 있어서 그렇게 하지 않았다. 전후 설명 없이 물건 구하러 왔다고 하자 베이징 좌상은 자리에서 일어나지도 않은 채 "저기 선반에서 맘에 드는 물건을 골라보시오."라고 덤덤한 어조로 반응했다.

주변 친지들에게서 얻은 종잣돈을 다 투자해서 골동품을 사서는 도쿄로 돌아갔다. 그런데 막상 도쿄에 도착해서 자세히 살펴보고 주변 전문가들의 감정을 청해보니 물건이 죄다 가짜였다. 큰 손해를 봤다. 장사 밑천을 다 까먹었다.

이후 몇 년 동안 열심히 일해서 다시 돈을 모아 베이징으로 향했다. 이때 사카모토는 일본의 모찌찹쌀떡를 선물로 가져갔다. 전의 그 베이징 좌상에게 모찌를 건네면서 "지난번에 덕분에 큰 공부를 했습니다." 하고 공손히 말했다. 그 모습을 물끄러미 바라보던 베이징 좌상은 사카모토를 건물 내부의 창고로 데리고 갔다. "여기 있는 것들 중에 골라보시오." 마음에 드는 것 3개를 골랐다. 그러자 베이징 좌상이 말했다. "당신이 가져온 돈으로는 이 물건들 중 하나 값밖에 안 되오. 하지만 나머지 두 개는 외상으로 주겠소. 돌아가서 물건을 팔면 그때 갚으시오."

꽤 귀한 진품 물건이었다. 지난번 가짜 물건으로 인해 손해 본 것을 따지며 먹살잡이를 하지 않고 모찌 선물까지 주면서 "공부 잘했습니다."라고 말한 덕분이었다. 사카모토는 그 물건 3개를 팔아서 짭짤한 이익을 보았다. 베이징 좌상에게 물건 값을 갚았음은 물론이다.

위 이야기는 서울 종로구 인사동의 골동품 가게 '통인'의 주인인 김 대표가 나에게 해준 것이다.

베풀면 반드시 돌아온다

내가 아는 이들 중에 묵개 선생이라는 분이 있다. 호방하고 체제에 맞서는 성품으로 인해 인생의 쓴맛과 단맛을 두루 맛본 사람이다. 묵개 선생의 체험담 한 가지를 소개한다.

그가 대학에 다니던 1980년대 초 데모를 하다가 붙잡혀 강제 징집을 당했다. 끌려간 부대에는 죄다 데모하다가 붙잡혀 온 이들만 있었다. 정권에 저항하다가 끌려온 처지들이어서 부대에서는 교화를 한답시고 혹독하게 다루었다. 힘든 훈련을 도저히 감당하지 못한 한 신병이 집안의 작은아버지인 모 사단장에게 고통을 호소했다. 사단장은 해당 부대의 지휘관에게 전화해 "애들 살살 다루어라."라고 지시했다. 부대 지휘관은 당황스러우면서 한편으로는 부아가 치밀었다.

고자질한 신병을 색출하기 위해 훈련이 더욱 엄해졌다. "장군에게 일러바친 놈은 자수해라! 자수하지 않으면 너희들은 앞으로 한 달 넘도록 뺑뺑이 돌린다." 사단장인 작은아버지에게 일러바친 신병은 나서지 못했다. 다음 날에도 전 부대원이 하루 종일 기합을 받았다. 이런 상황이 닷새쯤 이어졌을 때 신병 한 명이 손을 들었다. "제가 일러바쳤습니다." 묵개였다. 물론 고자질한 사람은 묵개가 아니었지만, 부대원들이 고통받는 상황을 끝내기 위해 거짓 자백을 한 것이다. 모든 훈련병이 묵개를 주시했다. 저놈 때문에 우리가 이런 고생을 한다는 원망과, 한편으로는 덕분에 고생에서 해방되었다는 안도감이 교차하는 표정들이었다. 그러면서 고참들에게 끌려가는 묵개를 애처로운 눈길로 쳐다보았다.

그런데 고참들이 묵개를 데리고 간 곳은 엉뚱하게도 PX군부대내의 매점였다. 고참과 지휘관들은 묵개에게 빵과 초콜릿을 사주면서 오히려 그를 달래는 것이 아닌가. '빽'이 이렇게 무섭다. 고참들은 생각했을 것이다. 사단장을 집안 어른으로 둔 이를 괴롭히면 시끄러워진다. 잘 달래서 앞으로 같은 일이 안 일어나도록 하는 것이 상책이다……. 반면에 묵개가 끌려가는 모습을 지켜본 부대 신병들은 그가 초죽음이 되었을 것이라고 생각했다. 묵개도, 고참들도 PX에서의 일은 함구했다. 이후 묵개는 꼴통 내지는 고문관군대 내에서 행동거지가 어수룩해서 자주 물의를 일으키는 병사를 두고 놀림조로 이르는 말으로 찍혀서 거의 모든 훈련에서 열외였다. 결과적으로 군 생활을 편하게 했다.

그로부터 20년쯤 지난 2000년 초 무렵 묵개는 늦둥이 아들 하나를 얻었다. 그런데 이 아들이 뱃속에서부터 문제였다. 엑스레이로 확인해보니 입술과 잇몸이 토끼의 입처럼 갈라지는 '구순구개열'이라는 병을 앓고 있었던 것이다. 시쳇말로 '언청이'였다. 태어나자마자 대수술을 해야만 아이 생명을 구할 수 있다는 진단이 내려졌다. 묵개는 제정신이 아니었다. 수천만 원이 들어가는 치료비가 당장 급했다. 백수 상태였던 묵개의 수중에는 단돈 100만 원도 없었다. 해결책을 찾지 못한 채 고민만 하다가 언청이 수술을 전문으로 하는 의사를 만나 상담을 했다.

그런데 의사가 뱃속 아이의 상태에 대해서 설명하다 말고 묵개의 얼굴을 물끄러미 쳐다보는 것이 아닌가. 그러더니 묵개의 이름을 확인했다. "혹시 1980년대 초에 ○○ 부대에서 같이 훈련받았던 □□□ 아니냐? 나 모르겠어?" 묵개는 영문을 몰라서 의사의 얼굴만 쳐다보았다. 의사의 말이 이어졌다. "제대한 뒤에 너한테 신세진 것을 어떻게 갚을지 오랫동안 생각했어. 그런데 오늘 드디어 너를 이렇게 만나다니, 정말 반갑다!"

그 의사는 강제 징집으로 군대에 끌려갔다가 혹독한 훈련을 견디지 못해 사단장을 하던 집안 어른에게 호소했던 그 훈련병이었다. 그는 부대원들이 연병장에서 기합을 받을 때 자신을 대신해서 거짓 자백을 하고 끌려가는 묵개를 바라보기만 했던 일을 20년 동안이나 자책해왔다고 했다. 그런 그가 의과대학을 졸업하고 교수가 되었으며 언청이 수술 전문가가 된 것이었다. 묵개는 솔직하게 고백했다. "그때 나 안 얻어맞았어. PX에서 대접받았다니까." 의사가 환하게 웃으며 말했다. "그것도 네 복이다. 네 아들 수술비는 걱정 마라. 내가 알아서 해결할게." 인과因果의 스리쿠션은 이리도 묘한 것이다.

4 은퇴 이후

강물에 떠내려가는 소는 살고 말은 죽는 이치

:: 인생 후반부를 살아가는 방법은 따로 있다

나의 인생 3단계론

힌두교에서는 인생 4단계론을 이야기한다. 첫 단계는 태어나서 25세까지로, 학습기_{學習期}다. 학교에 다니고 배우는 과정을 지난다. 그다음부터 50세까지는 가주기_{家住期}라 한다. 자식을 키우고 가정을 꾸리며 사회적 의무를 다하는 기간이다. 이다음이 문제다. 50세 넘어 75세까지를 임서기_{林棲期}라고 하는데, 동네 뒤의 숲속에서 혼자 사는 단계다. 집을 떠나 동네 뒷산에 원두막 같은 거처를 마련해놓고 여기서 혼자 살며 그동안 살아온 인생을 되돌아보고 기도와 명상을 하면서 삶을 정리한다. 75세가 넘으면 원두막에서 나와 유랑기流浪期에 접어든다. 걸식하면서 길바닥을 돌아다니다가 죽음을 맞는 것이다. 길바닥에서 죽는 것을 삶의 완성으로 보는 힌두교의 사상이 충격적으로 다가왔다.

나는 인생 3단계론을 구축했다. 첫 번째는 '닭'의 단계다. 이는 조직과 사회에 소속되어 있으면서 모이를 받아먹는 단계다. 조직과 회사라는 닭장이 구속이기는 하지만 동시에 울타리 역할도 한다. 인생의 신비이자 난해한 부분이 삶의 양면성을 받아들인다는 점이다. 조직이라는 닭장 안에 있을 때는 엄청 답답하고 구속감을 느끼지만 막상 조직에서 퇴출당하면 외롭고 두려워진다. 월급 때문이다. 우리나라의 고용 현실에서는 50대 초반, 늦어도 50대 후반이면 회사에서 물러나야 한다. 어떻게 살아가야 한단 말인가. 매달 통장에 꼬박꼬박 찍히던 숫자가 더 이상 보이지 않는다는 현실은 공포 그 자체다. 30년 동안 닭장에서 모이를 받아먹는 데 익숙해졌는데, 이제는 전혀 다른 방식으로 살아가야 한다. 두렵지 않을 수 없다.

닭장에서 쫓겨났을 때 대부분의 사람이 답습하는 코스가 몇 개 있다. 우선 등산이다. 점퍼 차려입고 배낭에 물통과 김밥 넣어서 부지런히 산을 탄다. 그 나이에 산을 너무 열심히 타면 관절 나가기 십상이다. 아니면 대형 서점에서 책을 읽는다. 이 책 저 책 들여다본다. 하지만 이것도 6개월에서 길게는 1년이다. 아니면 비슷한 처지에 있는 친구들 4~5명이 함께 오피스텔 하나를 월세로 얻는다. 매일 여기로 출석해서 바둑도 두고 당번을 정해서 밥도 해먹고 낮잠도 자다가 저녁 무렵이 되면 귀가한다. 이 케이스는 궁합 잘 맞는 친구가 있어야 가능하다. 오피스텔보다 한 차원 위가 시골 야산 밑에 헌집 구해서 리모델링하고 텃밭 가꾸면서 지내는 것이다. 어설프게 사업에 투자해서 원금 날리는 것보다는 이 전원주택 노선이 훨씬 안정적이다. 아침 안개를 보며 새소리도 듣고 저녁노을도 즐기고 논에서 벼가 자라는 모습을 보는 것만으로도 많은 위안을 얻는다.

    닭 다음이 꿩 단계다. 꿩이 비리비리해 보여도 나름 독한 야생에서 살아가는 들짐승이다. 새 치고는 비행 실력이 형편없지만, 그래도 200~300미터는 날아갈 수 있다. 내가 아는 한 사람은 식품 회사에서 음식 맛보는 일을 하다가 정년퇴직한 뒤에 중국 차茶 장사에 뛰어들었다. 보따리장사 수준이지만, 원래 차를 좋아해서 재미있게 즐기면서 하고 있다. 한 달에 한 번 정도 중국 왔다 갔다 하는 일이 낙이라고 한다. 이 정도면 꿩은 된 상태다.

    꿩 다음은 매 단계다. 창공을 마음대로 날아다니며 쥐도 잡고 토끼도 잡고 뱀도 잡아먹는 맹금류가 되려면, 구속이 없고 두려움도 없으며 생계도 스스로 해결할 수 있어야 한다. 힌두교의 임서기 단계51~75세에 있는 사람이 주식 투자에 성공해 매의 단계로 들어선 것을 본 적이 있다. 주식 투자자의 95퍼센트는 손해를 본다지만 아주 극소수의 선수는 큰 이익을 남겨서 창공을 날아다니는 매의 삶을 산다.

하지만 꿩이 매로 진화하기가 쉽지 않다. 대체로 퇴직금과 예금과 빚을 합쳐 손쉽게 창업할 수 있는 프랜차이즈에 뛰어들었다가 말아먹는 게 수순이다. 그리고 나서는 격일제 아파트 경비원으로 서럽게 지낸다. 나이 들어서도 일을 하는 게 건강에도 이롭고 보기도 좋지만, 우리나라의 퇴직자들 대부분이 당장 무언가를 하지 않으면 세상이 끝날 것 같은 원초적인 두려움에 사로잡혀 있는 것이 아닌가 하는 생각이 든다. 그 두려움의 바탕에는 먹고사는 문제에 더해 체면을 유지하는 문제에 집착하는 마음과 생각이 깔려 있기 때문일 것이다.

생물학적 비용과 사회적 비용

돈 나가는 데는 두 종류가 있다. 생물학적 비용과 사회적 비용이다.

생물학적 비용이란 의식주에 돈을 쓰는 것을 말한다. 누구나 먹어야 살기 때문에 식재료와 식료품에 지출을 하지 않을 수 없다. 하지만 옷값과 주거비는 당장 목숨과 관련된 것이 아니어서 절약할 여지가 충분하다. 공식 석상에 나서거나 레드카펫 밟을 일이 없으면 대충 입어도 된다. 일부러 구질구질하게 보일 필요는 없으니 몸에 잘 맞는 캐주얼 의류 정도만 장만하자. 나이 들어서 편하게 입고 다니면 오히려 멋스러워 보인다. 주거비도 사실 지방이나 시골에서 20평 정도 되는 집에 살면 비용이 그리 많이 들지 않는다.

나는 전남 장성의 축령산 자락에 '휴휴산방休休山房'이라고 이름 붙인 15평짜리 황토 집을 마련해서 살고 있다. 한 달에 50만~100만 원이면 충분하다. 물론 병원비가 안 들어간다는 전제하에 그렇다. 그런데 공기 좋고 물 좋은 산골에서 한가하게 살면 큰 병이 올 일이 별로 없다. 모든 병은 스트레스에서 온다. 요즘 못 먹어서 병 걸리는 사람은 없다. 규칙적인 생활을 하고 적당한 노동을 즐기며 깨끗한 물과 맑은 공기 속에서 살면 질병에 잘 걸리지 않는다. 어쨌든 산골에 살면 생물학적 비용은 2인 기준으로 100만 원 미만이다.

그런데 옷값과 주거비는 원래 생물학적 비용이지만 사람에 따라서는 이게 사회적 비용이 되기도 한다.

맞벌이를 하다가 비슷한 시기에 둘 다 퇴직한 부부가 있다. 퇴직 무렵 그들은 그동안 둘이서 부지런히 모은 돈에 대출을 더해서 강남에 아파트 한 채를 장만했다. 딸이 하나 있는데, 출퇴근에 문제가 있어서 직장 부근에 독립해 산다. 자식이 제 앞가림을 하니 이제 크게 돈 나갈 일이 없지만, 강남에 마련한 아파트 대출금의 이자가 문제였다. 그런데 부부는 왜 늘그막에 굳이 무리를 해서 강남 입성을 시도했을까? 나중에 딸이 결혼할 시기에 예비 사윗감이 오거나 상견례를 할 때 대한민국의 가장 부유한 동네라 할 수 있는 강남에서 예비 시댁 식구를 맞이하고 싶어서였다. 그러니까 이런 거다. '우리 강남 살거든.' 이런 경우는 주거비가 생물학적 비용이 아니라 사회적 비용의 범주에 들어간다. 옷값도 비슷하다. 일상과 생계에 꼭 필요한 정도를 넘어 호화로운 생활을 위한 치장으로 활용된다면 의류 비용은 사회적 비용에 포함된다.

이뿐만이 아니다. 검소하게 살아가는 사람들도 알게 모르게 사회적 비용을 적지 않게 지출한다. 우선 경조사비부터가 부담이다. 축의금과 부조금이 만만치 않다. 과거에 받아먹은 것에 대해 갚는 차원이라면 어쩔 수 없지만, 굳이 안 해도 되는데 나중에 손가락질당할 것 같아서 하는 경우도 많다. 사회적 비용은 사람의 도리를 한다는 안도감을 충족시켜주는 비용이자 체면을 차리는 비용이다.

자동차만 해도 그렇다. 고급 자동차를 사는 데 지출하는 돈은 거의 사회적 체면을 유지하기 위한 비용이다. 자동차가 일종의 명함 역할을 한다. 호텔 입구 들어설 때 자동차가 어떤 급이냐에 따라 시선과 대우가 달라진다. 누가 누군지 모르는 대도시의 익명 사회에서는 자동차와 옷차림, 손목에 착용한 시계를 통해 등급이 매겨진다. 대부분의 사람이 먹고사는 기본적인 문제에 지출이 집중되어 있다고 착각하는데, 사실 우리가 쓰는 돈에서 사회적 비용이 차지하는 비중이 월등히 높다. 많은 사람이 '가오' 잡느라 돈을 쓰면서 그것을 먹고사는 문제로 돌린다. 체면 차리고 '얼굴'값 하느라 나가는 비용만 줄여도 노년의 불안이 현저히 줄어든다.

많은 사람이 '나를 위해서(내 체면을 위해서)' 분수에 맞지 않는 일을 하면서도 그 정당성을 꾸미려고 '자식을 위해서' 따위의 명분을 내세운다. 아이의 성향과 자질에 상관하지 않고 무작정 사회적 지위가 높아 보이는 직업에 진출할 수 있는 방향으로 아이를 내모는 부모들이 내세우는 논리가 '아이를 위해서'다. 하지만 사실 그러한 행위는 부모 자신들의 만족을 위해 아이를 희생시키는 것일 뿐이다. 과도하게 지출하는 사회적 비용도 마찬가지다. 응당 그래야 하지 않느냐는 지출의 이면에는 남의 눈치를 보는 비겁함이 잠재되어 있다. 그런 마음만 극복해도 노년의 비용이 현저히 줄어들기에 불안과 두려움에 시달릴 필요가 없다.

도가道家는 사회적 책임보다 개인의 삶을 중시한다. 개인주의 노선이다. 이 도가가 내거는 캐치프레이즈 중의 하나가 경물중생

輕物重生이다. 외물外物을 가볍게 여기고 자신의 생을 중하게 여겨야 한다는 생활 철학이다. 사회적인 평판 역시 외물에 해당한다. 평판에 연연하다 보면 자기 삶을 놓친다. 사회적 비용을 줄이려는 지혜를 실천하는 것만으로도 경물중생은 저절로 이루어진다. 타인의 이목을 즐기고 대중의 평가에 일희일비하는 것은 청년과 중년의 몫이다. 51세부터 75세까지는 집을 떠나 숲속에 오두막을 짓고 거기에 머물며 명상하라는 힌두교의 가르침임서기은 괜한 것이 아니다. 스스로 세상과 단절하여 자기 자신에게 침잠沈潛하라는 가르침은 오늘에도 유효하다.

소는 살고 말은 죽는 이치에 대하여

과거에 장마가 닥칠 때면 낙동강에는 홍수가 자주 발생했다. 불어난 강물에 별의별 것이 다 떠내려갔다. 농짝과 솥단지도 떠내려가고 돼지와 염소 같은 가축도 떠내려갔다. 소와 말이라고 홍수를 피할 수는 없었다.

그런데 흥미로운 점이 있었다. 강물에 떠내려가는 소와 말의 움직임이 달랐다. 소는 네 다리를 움직이지 않고 강물의 흐름에 자기 몸을 맡긴 채 둥둥 떠내려갔다. 이에 반해 말은 살기 위해 다리를 필사적으로 허우적거렸다. 그러다 보면 말은 힘을 다 소모하고 탈진해서 결국 익사한다. 소는 물결에 둥둥 떠가서 지치지 않는다. 불어난 물에 떠내려가다가 어느 지점에서 적당한 둔덕을 만나면 살아난다.

소와 말이 홍수에 대처하는 방식이 이렇게 다르다. 결과는 어떤가? 소는 살고 말은 죽는다. 우생마사牛生馬死다. 물난리가 났을 때 소와 말의 대처가 다른 것을 떠올리며 많은 것을 깨달았다. 나 자신이 말처럼 허우적거린 경험이 많기 때문이다.

물에 빠지면 엄청난 긴장감이 몰려오고 살아야겠다는 생각에 사지를 허우적거리게 된다. 앞뒤와 좌우를 돌아볼 여유가 없다. 죽기 아니면 살기로 팔다리를 휘저을 수밖에 없다. 하지만 몸부림 칠수록 점점 가라앉는다. 살아야겠다는 일념이 오히려 죽음으로 이끄는 것이다. 살기 위해서는 물결에 몸을 맡겨야 한다. 그게 사는 길이다.

다시 닭장 이야기를 해보자. 대부분의 직장인이, 오랫동안 직장인 생활을 한 사람일수록 퇴직하고 나면 길바닥에 내던져진 듯한 느낌을 받는다. 무얼 먹고 살아야 할지 절박하다. 특별한 재주도 없다. 닭장 안에서 던져주는 사료만 받아먹던 닭이 야생의 꿩이 되어야 하는 때가 다가왔지만, 당장 무엇을 해야 할지 구체적으로 떠오르는 게 없다. 그래도 무언가를 하기는 해야겠기에 투자처를 알아보거나 새로운 사업을 벌인다. 하지만 내가 지켜본 바로는 70퍼센트가 실패한다. 착실하게 직장 생활을 한 대가로 받은 퇴직금을 적게는 1억 원에서 많게는 4~5억 원까지 까먹는 경우를 많이 목격했다.

긴 세월 월급쟁이로 살다가 퇴직한 친구들에게 "1~2년 정도는 그냥 백수로 지내보지 그래? 그러면서 앞으로 어떻게 살지 천천히 고민해봐." 하고 권유해도 아무도 그 말을 듣지 않는다. 잠시라도 멈추면 큰일 날 것처럼 급하게 서두른다. 이때 내가 해주는 이야기가 우생마사의 우화다.

조선 시대 노비도 따지고 보면 월급쟁이였다. 노비 생활을 하는 동안에는 최소한 굶어 죽지는 않았다. 속박된 자신의 신세에 대해 한탄하면서도 한편으로는 하루하루 입에 풀칠하는 상황을 다행이라 여겼을 것이다. 그런 식으로 노비 생활을 오래 하다 보면 인이 박힌다. 이것을 불가에서는 '습(習)이 든다'고 표현한다.

퇴직을 하면서 울타리를 벗어나는 것이 두렵다면, 내가 그동안 삶의 관성에 젖어 있는 것이 아닌지 돌아보아야 한다. 그래야 여백이 생긴다. 울타리 밖 세상이 어떤지 잘 모르니까 한숨 돌리고 휴식 시간을 가지면서 앞날에 대해 구체적인 상(像)을 그려보아야 한다. 명산대천을 유람하는 것이 좋은 방법이다. 최소한 한 달 정도는 집을 떠나 국내의 명산과 명당, 유적지를 돌아다녀봐야 한다. 그러면 보이지 않던 것이 보이기 시작하고, 전혀 생각지 못했던 것이 머릿속에 떠오른다. 여유가 있다면 세계 여행을 하는 것도 좋다.

내가 직장에 묶여 있다가 자유로워진다면, 우선 남아메리카로 가보겠다. 그곳은 아직 물가가 싸서 여행비가 적게 들고, 덜 개발되어 원시 자연의 아름다운 풍광을 간직하고 있으며, 대륙이 넓어서 돌아다닐 만한 곳이 많다. 게다가 못사는 동네가 많아서 약아빠진 유럽보다는 인심도 괜찮을 것이다.

월급쟁이 그만두었다고 인생을 비관하는 이들이여, 궁즉통窮則通·'궁하면 통한다'는 뜻이요, 우생마사의 이치가 있다.

운명과 죽음을 대하는 자세

멈춤, 달관 그리고 죽음

: 잘 죽는 복을 누리는 마음가짐

삶에 찾아오는 멈춤 신호

통도사 극락암의 대도인이었던 경봉 선사1892~1982가 세상 살기 힘들어서 죽겠다고 하소연하는 신도들에게 가끔 써준 문구가 있다. '山盡水窮疑無路산진수궁의무로 柳綠花紅又一村유록화홍우일촌'이다. '산이 가로막고 물길이 끊어져서 이제 길이 없구나 하고 낙담하고 있는데, 조금 더 가보니 버드나무 우거지고 붉은 꽃이 피어 있는 동네가 나타나네'라는 뜻이다. 인생 살면서 누구나 '산궁수진 山窮水盡 ·'산이 다하고 물이 끊어져 더 나아갈 수 없다'는 뜻으로 막다른 길에 이른 처지를 이른다'의 상황과 직면하기 마련이다. 다리가 후들거리고 가슴에 돌덩이 하나 올려놓은 것 같은 지경이 이어지다 보면 '확 죽어 버릴까!' 하는 생각이 들기도 한다.

사주 명리학에 '절처봉생絶處逢生'이라는 말이 있다. '끊어진 데를 이어서 다시 살아나게 된다'는 뜻이다. '궁지에 몰렸다가 살 방도를 찾았다'는 뜻이기도 하다. 살아가다 보면 막히거나 끊어질 때가 있다. 뚫고 꿰매는 방법은 여러 가지가 있을 수 있다. 귀인貴人이 나타나 도움을 줄 수 있고, 예상치 못한 사건이 갑자기 터져서 무마되기도 한다. 또 자기에게 딱 맞는 양생법養生法을 실행해 극복할 수도 있다.

KBO Korea Baseball Organization·한국 야구 위원회 리그 한화 이글스의 투수 류현진이 미국 메이저리그에서 뛰던 시절 그를 보며 절처봉생을 실감한 적이 있다. LA 다저스 소속이었던 류현진은 선수 생활을 하던 중 부상으로 2년 6개월가량을 쉬어야 했다. 투수로서는 치명적인 신체 부위에 결함이 발견되었고, 선수 생명을 장담할 수 없는 큰 수술을 받아야 했다. 대부분의 사람이 류현진이 선수로 복귀해도 예전만큼의 기량을 발휘할 수 없을 것이라고 생각했다. 그런데 그는 부상에서 회복한 뒤 2019년에 MLB Major League Baseball 전체 투수 중에서 방어율 1위를 기록하는 등 최고의 활약을 펼쳤다. 그야말로 절처봉생이었다.

류현진이 대반전을 이루고 있던 그 무렵 대비되는 인물이 있었다. '지구라는 행성의 최고 투수The best pitcher on the planet'라는 찬사를 받았던 같은 팀의 클레이튼 커쇼였다. 류현진보다 한 살 아래인 그는 10년 동안 매년 200이닝 이상을 던지며 사이영상을 3번이나 받은 스타플레이어 중의 스타였다. 그러나 류현진이 방어율 1위를 달릴 때 커쇼는 방어율이 3점대로 이름값을 못했다. 서른을 갓 넘긴 나이였지만 커쇼는 이르게 노쇠화를 겪고 있었다.

너무 잘나가면 대가가 따르기 마련이다. 커쇼는 간이역에서 한번쯤 쉬어 갔어야 했는데 논스톱으로 달린 셈이었다. 사람이 너무 잘되면 중간에 쉴 틈이 없다. 끊어지고 막히는 일을 겪으며 '멈춤' 신호를 받고서 자신을 돌아보며 체력적인 보충을 해야 하는데 그게 안 되는 것이다.

1987년생인 류현진은 곧 우리 나이로 마흔을 앞두고 있지만 여전히 한국에서 선수 생활을 이어가고 있다. 과거의 날카로움이 사라진 대신 오랜 경험과 연륜으로 준수한 활약을 펼친다. 2년 반이라는 멈춤의 시간이 여전한 활력과 경기력을 연장시켜준 것인지도 모른다.

인생의 여정에서 누구나 멈춤 신호를 받는다. 몸에 탈이 나거나 사업이 기울거나 직장에서 자리가 위태로워지는 등의 일을 겪을 때 이를 멈춤 신호로 여겨야 한다. 끝이 아니다. 잠시 쉬어 가라고 삶이 빈틈을 내어주는 것이다. 그렇게 받아들여야 한다. 일부러

이 신호를 무시했다가는 나중에 회복 불능의 상태에 빠질 수 있다.

불가에서는 전생과 현생, 내생來生·죽음 이후의 생애을 이야기한다. 생生이 그렇게 무한히 이어지는 것이라면 왜 죽음이 필요할까? 끝없이 윤회하는 생의 수레바퀴에서 죽음은 일종의 멈춤이다. 죽음이라는 그 결정적 순간을 통해 생명은 잠시 멈추고 다음 생을 준비한다. 그리고 살아온 모습 그대로 우리는 죽음을 맞이한다. 너무 많은 것을 움켜쥐고자 하는 이는 그 미련을 떨치지 못해 죽을 때도 표정이 좋지 않다. 죽음의 모습이 곧 그 사람의 현생을 말해주고, 죽는 모습 그대로 내생을 살아가게 된다.

죽음이 그의 삶을 보여준다

오복五福 가운데 하나가 고종명考終命이다. 제명대로 살다가 편안하게 죽는 것이다. 누구나 평화롭고 편안한 죽음을 바라지만 그게 어찌 마음대로 되겠는가. 탄생이 나의 의지가 아니듯, 죽음도 뜻대로 되지는 않는다.

편안한 죽음의 첫째 조건은 고통이 없어야 한다는 것이다. 병에 시달리지 말아야 하고 사고를 당하지도 말아야 한다. 이러한 육체적 고통 외에 마음의 고통에서도 벗어나야 한다. 세상을 향한 원망이 없어야 하고, 헛살고 간다는 후회도 없어야 한다. 섭섭함이나 회한도 없어야 한다. 삽으로 관 위에 흙을 뿌리며 묏자리에 매장하는 순간에도 영혼이 이승에 대한 미련을 버리지 못해 관짝에 매달려 있는 상황이 많다는 이야기를 도사들로부터 여러 번 들었다. "그냥 잊어버리고 떠나!"라고 외쳐도 말을 듣지 않는단다. 물론 보통 사람의 눈에 그런 모습이 보일 리 없지만 말이다.

고종명은 소풍 와서 잘 놀다가 돌아가는 죽음, 미련도 없고 섭섭함도 없고 원망도 남겨두지 않은 그런 죽음이다. 육체의 고통도 없거니와, 고통을 제 몫으로 받아들이고 순명하는 죽음이다.

도를 많이 닦은 고승이나 도사는 죽을 때 앉아서 죽거나 서서 죽는다. 이를 '좌탈입망坐脫立亡'이라 한다. 죽음을 통제할 수 있음을 보여주는 사례다. 앉은 채로 죽은 고승들의 시신은 등신불等身佛로 만들기도 한다. 관의 모양새를 선풍기 상자처럼 만들 수밖에 없다. 좌탈입망의 경지에 오르려면 평생 계율을 지키면서 도를 닦는 데 게으르지 말아야 한다. 그리고 죽음의 모습으로 도력道力을 보여준다.

절간에 들어가 수도를 하지 않고 속세에 머무르면서도 고종명을 한 인물이 있다. 문교부 장관을 지낸 민관식1918~2006이다. 그는 태릉 선수촌 건립을 주도하기도 했다. 운동을 좋아한 준체육인이기도 한 그는 특히 테니스를 아주 즐겼다. 이 양반 이름을 딴 테니스 대회가 있을 정도다. 그의 부인은 개성 요리 전문가인데, 15년 전쯤에 그 부인의 초대를 받아 서울 한남동 자택에서 개성 요리를 맛본 적이 있다. 그때 부인으로부터 남편의 죽음에 관해서 들을 수 있었다. "이 양반이 테니스를 좋아했어요. 그날도 오전에 테니스 코트에 나가서 한 게임을 했어요. 게임을 끝내고 집에 돌아와 샤워를 했지요. 그러고 나서 저한테 '여보, 와인 한 잔 줘요.' 하더라고요. 와인을 한 잔 가져다주었죠. 와인 한 잔 하고 나서는 쉬어야겠다고 하면서 방에 누워 낮잠을 잤어요. 저녁때가 되도록 일어나지 않았어요. 일어나라고 흔들어보니 그대로 죽은 상태였어요."

이때 민관식 씨의 나이 89세였다. 운동 끝내고 샤워하고 와인 한잔하다가 집에서 잠자며 편안하게 갔으니 가히 신선급 죽음이다. 신선이 되려면 심산유곡에서 절제하며 벽곡 도인의 양생법을 평생 수련해야 하는데, 그는 테니스로 이를 대신하면서 신선급 고종명을 한 것이다. 아흔을 코앞에 두었으니 억울한 나이도 아니다.

경남 진주시 일반성면 가선리 가곡 마을에 살았던 공재식 씨도 고종명을 한 사례다. 그는 2006년 2월에 마을 회관에서 죽었는데 당시 나이는 76세였다. 마을 회관에서 어떻게 죽었나? 바둑을 두다가 죽었다. 바둑 두다가 죽다니! 이 역시 가히 신선급이다. 바둑판을 앞에 두고 흰색과 검은색 돌을 보며 다음 수를 생각하다가 죽음을 맞이한다는 것도 지극히 평화로운 죽음이다.

불교적 우주관에서 죽음은 다음 생을 시작하기 위한 마지막 장면이다. 이 장면이 다음 생과 연결된다. 마지막 장면이 평화로워야만 다음 생도 평화롭게 이어진다. 제대로 살아야 잘 죽고, 잘 죽어야 다시 제대로 산다. 고종명! 잘 죽기 위해서 남은 생을 어떻게 보낼 것인가! 죽음을 생각하는 것이 곧 삶을 생각하는 것이다.

팔자를 받아들이는 사람이 삶을 대하는 태도

직업에 귀천貴賤이 없다는 말은 순 거짓말이다. 분명 밑바닥 직업이 있다. 한국 사회에서 밑바닥 취급을 받는 직업 중 하나가 '역술가'다. 역술가의 가게를 '철학관'이라고 높여 부르기도 하지만, 대부분의 사람이 그들을 '점쟁이'라고 낮추어 생각한다.

서울 창덕궁 앞에 역문관易門關이라는 철학관이 있었다. 허름한 단층집인데, 대문 오른쪽 귀퉁이에 '易門關'이라고 쓰인 문패가 붙어 있었다. 문을 열고 들어서면 자그마한 마당이 나오고 단층 건물 안으로 들어가서 마루를 지나면 손님을 상담하는 방이 나왔는데, 그곳에서 집주인 유충엽1931~2008 씨가 내담자를 맞이했다. 내가 그곳을 방문한 때가 지금으로부터 약 25~6년 전쯤이었으니까 1999년쯤 되지 않았을까 싶다. 당시 나는 한국은 물론 중국과 일본의 도사들을 만나러 천하를 유람하던 중이었다. 그를 대면하자마자 대뜸 질문을 던졌다.

"저도 역술가가 될 수 있는 팔자인지 한번 봐주십시오."

유충엽 씨는 고개를 저었다.

"왜 이런 거 하려고 해? 이건 미신 종사업이오. 문화관광부 직업 분류표에 우리나라 직업이 수만 가지인데, 명리학은 미신 종사업으로 분류돼 있어요. 나는 미신 종사업자야. 당신은 보니까 학자 사주요. 문필로도 이름을 날리겠어."

자신을 미신 종사업자라고 스스럼없이 말하는 그를 보면서 나는 '이 양반이 깊은 허무를 간직하고 있구나.' 하는 느낌을 받았다.

유충엽은 해방 이후에 대전사범학교를 다녔다. 당시 대전사범학교는 장래가 촉망받는 인재들이 가는 학교였다. 졸업하면 대체로 학교 선생을 하는데, 그의 동창들 중에는 교장이 많았다. 그의 삶이 순탄했다면 그도 친구들과 마찬가지로 교사를 하다가 교장 직함을 달았을 것이다.

그는 한국 전쟁 때 인민군의 총알 세례를 받고 불구가 되었다. 무려 28발의 총탄이 몸에 박혔다. 오른팔은 잘리고 왼쪽 다리는 꼬부라졌다. 총알 파편을 다 제거하지 못해서 날이 궂으면 몸 여기저기가 쑤셨다.

역문관을 찾아온 객들이 가장 많이 하는 말이 이것이다. "저는 어떻게 살아야 합니까?" 역문관은 안 풀리고 답답한 인간들이 찾는 상담소이자 근심을 풀어놓는 마음의 해우소解憂所다. 어떤 이들은 엎어져 울기도 한다. 그럴 때 유충엽은 한쪽 바지를 걷어 올리며 말한다. "이게 뭔지 아십니까? 6·25 때 총알 맞은 자국입니다. 28발 맞았습니다. 이런 나도 살고 있지 않소?" 그러면 대부분의 사람이 멍한 표정으로 마음을 추스르고 돌아갔다.

인간은 자기보다 더한 불행을 당한 사람을 보며 위로를 받고는 한다. 유충엽이 겪은 불행은 다른 사람의 불행을 달래주는 처방전이 되었다. 불구가 되어 명리학을 공부하면서 그는 자신에게 찾아온 불행의 의미를 발견하고, 그것을 승화하는 방법을 찾았던 것이다.

내가 또 질문을 던졌다.

"명리학이라는 것이 무엇입니까?"

그의 대답.

"자기랑 화해하는 학문이오. 나는 팔자를 공부하면서 왜 내가 팔다리 불구가 되었는지 그 원인을 이해했어요. 급각살急脚殺·선천적이든 후천적이든 뼈와 관련된 신체적 장애를 겪는다는 불길한 운수에 형충刑沖·억압과 고통, 파괴 등을 뜻하는 명리학의 부정적 표현이나 때로는 큰 변화와 성장의 출발점으로 보기도 한다이 부딪치는 해에 총을 맞고 불구가 된 것이지. 이건 타고날 때부터 팔자에 이미 들어 있던 것인데, 어떻게 피해 가겠어. 그냥 받아들여야지. 내 팔자를 알고 나서부터는 '왜 내가 병신이 됐을까?' 하는 원망이 풀렸어요."

　25년여 전 역술가 유충엽을 보며 '달관達觀'이라는 단어를 떠올렸다. 주어진 팔자를 받아들이는 것이 어찌 수동적이고 패배적인 자세라고 말할 수 있겠는가. 운명을 수용하는 것은 보다 깊은 차원으로 향하기 위한 필수 과정이지 않을까. 그때로부터 많은 시간이 흐른 지금도 나는 여전히 인생이라는 여정의 초입에서 서성이고 있다. 삶이라는 공부의 아득함을 다시 한 번 깨닫는다.

조용헌의 운세 이야기
팔자를 고치다

2025년 9월 5일 1판 1쇄 펴냄

지은이	조용헌
펴낸이	김경섭
펴낸곳	도서출판 삼인
전화	(02) 322-1845
팩스	(02) 322-1846
이메일	saminbooks@naver.com
등록	1996년 9월 16일 제25100-2012-000045호
주소	(03716) 서울시 서대문구 성산로 312 북산빌딩 1층

편집	이양훈
디자인	정연규
제작	수이북스

이 책의 출판권은 ㈜도서출판 삼인에 있습니다.
저작권법에 의해 보호받는 저작물이므로 무단 전재와 복제를 금합니다.

ISBN 978-89-6436-288-4 03180